Vanessa Zibi

AVEC LA COLLABORATION DE **LESLIE GOGOIS**

PHOTOGRAPHIES

GUILLAUME CZERW

Shabbat dinners

D'hier et d'aujourd'hui

90 recettes de cuisines juives séfarades, ashkénazes et israéliennes

PRÉFACE DE

PERLA SERVAN-SCHREIBER

Éditions
de La Martinière

« *Shabbat dinners* m'a donné envie de refaire shabbat.
Arrêter tout, sauf la joie de se réunir autour d'une table dressée
à son mieux, découvrir de nouvelles recettes
du bout du monde, se régaler et rire.
La Loi dit aussi que "le repas de shabbat nous élève". »

PRÉFACE

Perla Servan-Schreiber

Shabbat. Deux syllabes qui claquent comme un commandement à s'arrêter. Oui, à shabbat, pour ceux qui le respectent, tout s'arrête sauf prier et manger. Et si prier était l'affaire des hommes, préparer à manger, nourrir et servir ont toujours été, et restent encore, le territoire des femmes.

J'appartiens à une famille de Fès, croyante et pratiquante, les Danan. J'ai 77 ans. Pour ma génération, le Talmud Torah était encore réservé aux garçons. Toutes nous ignorions la signification des fêtes et du shabbat. Nous nous sommes contentées d'ingérer « notre judaïté ». J'étais juive, parce que mes parents l'étaient, mais aussi parce que nous avions des interdits alimentaires et comportementaux, auxquels nous obéissions sans autre explication.

Le shabbat se résumait à des menus précis et inchangés, un ennui pesant (nous n'avions le droit de rien faire) et un jeu étrange de lumières. Le vendredi soir, ma mère allumait les lumières de la maison et les bougies à une heure précise, après avoir pris son bain, et travaillé en cuisine toute la journée pour préparer les repas du soir, du lendemain, plus le pain et les pâtisseries, le tout sans gazinière, sur des braseros. Je revois encore cet échafaudage savant de cocottes qui permettait de maintenir au chaud les différents plats du soir ; et sur un autre brasero, la grande marmite de la fameuse *dafina* du samedi midi dont j'adorais les pommes de terre confites à souhait puisqu'elles cuisaient 20 heures minimum. Cette marmite hébergeait sur son couvercle retourné la grosse bouilloire d'eau qui permettait de faire les thés du lendemain. Le tout était recouvert d'une sorte de couette pour manger et boire chaud, 24 heures, sans allumer le feu. Ingénieux et féodal. Un autre monde. Il y a moins d'un siècle.

Donc on allumait les lumières sans attendre la tombée de la nuit. Un jeune voisin passait à une heure précise pour les éteindre. Puis on ne les rallumait que le lendemain soir, longtemps après le coucher du soleil. Je détestais ce temps sans activité aucune et sans lumière, qui me semblait interminable.

Cet ouvrage, d'une richesse rare, célèbre la nourriture du shabbat, dans sa diversité de traditions culinaires, sa gourmandise, ses saveurs, sa préparation et son partage. Célébration du lien à la judéité, mais aussi du lien familial, le plus précieux entre tous.

La performance est d'autant plus bluffante que mon amie Vanessa, contrairement à moi, n'est pas « tombée dans une marmite » dès l'enfance. Sa mère, la merveilleuse Francine, a toujours préféré les livres aux casseroles, même si son couscous est devenu pour sa famille LE couscous. À l'amour des livres, Vanessa a ajouté la tech. Tunisienne d'origine et de saveurs, femme du numérique, citoyenne du monde, elle n'a basculé en cuisine qu'en 2015. Puis, le premier confinement l'a incitée, au printemps 2020, comme beaucoup de Français, à se lancer dans la boulange mais de tradition juive. *Hallah* et bagels sont devenus son quotidien et, après avoir inondé nos portables de photos de ses productions, Vanessa, à notre grande surprise et à la sienne, sort ce livre d'amour, *Shabbat dinners*, sur les tables et tablées de shabbat. Improbable mais vrai. Je n'aime rien tant que d'être bluffée. Exigeante, culottée, généreuse, curieuse, gourmande, tendre… ce livre est à son image. Unique. Nécessaire.

Shabbat dinners m'a donné envie de refaire shabbat. Arrêter tout, sauf la joie de se réunir autour d'une table dressée à son mieux, découvrir de nouvelles recettes du bout du monde, se régaler et rire.

La Loi dit aussi que « le repas de shabbat nous élève ».

Shabbat shalom.

Que la lumière éclaire vos chemins.

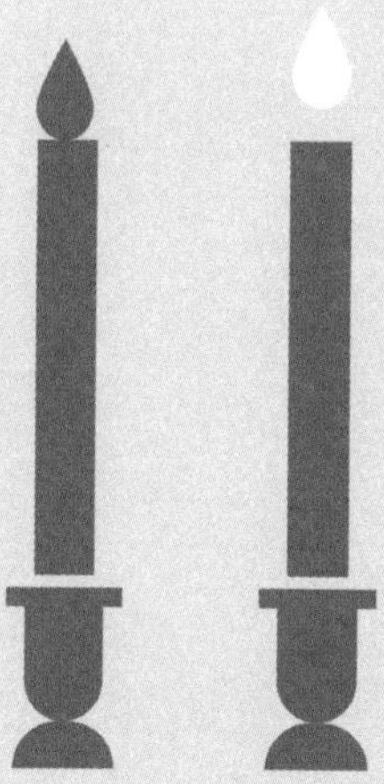

sommaire

Du manque de shabbat

Depuis la mort de mon père en 2015, je n'avais pas manqué une seule fois de recevoir ma famille pour shabbat. Le confinement, en mars 2020, a brutalement rompu avec le rituel pourtant infaillible de la réunion familiale du vendredi soir. On improvisait alors un appel FaceTime avant le dîner et l'heure de l'entrée de shabbat pour montrer ce qu'on avait préparé et se souhaiter un bon shabbat : *Shabbat shalom* (Que vienne la paix du shabbat).

C'est le manque de ce moment sacré qui a donné naissance à ce livre.

En écrivant, j'ai interrogé des amis sur leur « madeleine de Proust » de shabbat. Leurs réponses furent aussi variées que la diversité de leurs origines. Ma préférée fut « les gâteaux de ma mère », qui incarne l'esprit même de la cuisine juive : cultiver un lien avec nos racines et notre identité.

L'identité culinaire juive

Le judaïsme est fait de traditions et de valeurs. Mon identité juive est surtout liée à sa culture, dont la cuisine fait partie. Je n'ai pas grandi dans un milieu religieux, n'ai pas fait de Bat Mitzvah (la « Bar Mitzvah » des filles, à l'âge de 12 ans, au lieu de 13 pour les garçons). Pour autant, aucun vendredi n'échappait à la douce et traditionnelle odeur du couscous de shabbat en rentrant de l'école.

Malgré mes origines, je me sens davantage d'identité culinaire israélienne que tunisienne. La *pkaïla* et la boutargue (voire les olives), pourtant piliers de la cuisine « tune », ne m'inspirent guère (elles trouvent tout de même leur place dans ce livre, vu leur importance), alors que la salade *fattouche* (page 183), la *muhammara* (page 166), les pitas (page 245), le *flatbread au zaatar* (page 247) ou la *chakchouka* (page 65) font partie de mes recettes préférées.

Un « rituel » de réunion

Ce qui réunit tous les Juifs du monde chaque semaine, malgré la grande diversité des plats préparés dans chaque famille selon son origine, est le dîner du vendredi soir, ancré dans la culture juive. Au-delà du judaïsme, on retrouve ce rituel dans le festival Burning Man, qui rassemble chaque année des milliers de personnes, de toutes confessions ou athées, dans le désert de Black Rock au Nevada, pendant neuf jours ; car ce festival repose sur des valeurs de générosité. Alessandra Wollner, qui participe à son organisation, m'a expliqué que « Shabbat et Burning Man ont en commun de nous permettre d'être des versions plus humaines de nous-mêmes ».

La générosité est peut-être la valeur la plus forte au cœur du dîner du shabbat. Elle exprime toute sa dimension dans la célèbre réplique shakespearienne de Juliette à Roméo : « **Plus je te donne, plus il me reste** », que Perla a tenu à placer en ouverture de son livre *Le Bonheur de cuisiner*. Le plaisir de cuisiner ce repas très spécial tous les vendredis réside dans le ciment que constituent les familles et le lien qu'elles entretiennent autour d'une cuisine plus élaborée que celle des autres jours de la semaine.

Et chaque dîner de shabbat entretient la nostalgie des traditions qui figent le temps et scellent les mémoires.

La cuisine en héritage

Au-delà de toute religion, on entend souvent : « Viens vendredi soir pour goûter un couscous **comme celui de ma mère**. » Une recette qui relève du patrimoine familial et que l'on conserve précieusement, avec toutes les approximations d'une transmission souvent orale et non écrite.

Julie Ozon, également appelée « Julie l'Égyptienne », est de ces cuisinières mythiques. Elle a porté avec elle l'héritage de sa grand-mère du Caire jusqu'au marché Carmel de Tel Aviv, où elle ouvre sa cuisine pour déjeuner le samedi midi. En 1949, elle a quitté l'Égypte avec ses photos en noir et blanc et des mets qui ont survécu au temps et aux déménagements. Je me souviens avec nostalgie de Julie, tutoyant ma mère qu'elle n'avait jamais vue auparavant, et lui servant directement du riz avec un ragoût, car **« elle savait que ce serait ce plat-là qu'elle aimerait »**. *Jewish mother connection.*

Toutes les familles juives ont des cuisinier.e.s passionné.e.s qui tiennent leurs spécialités de shabbat de leurs mères – hélas, moins souvent de leurs pères. Emmanuel Murat, le cofondateur de la boulangerie *Babka Zana*, fils d'Andrée Zana Murat (auteure de nombreux livres de cuisine dont le très célèbre *La Cuisine juive tunisienne de mère en fille*) est un exemple parmi tant d'autres d'une nouvelle génération d'hommes qui inverseront petit à petit cette tendance « *ma mère n'a eu que des fils, j'ai été son commis* ».

La génération d'après-guerre était, elle, rarement égalitaire lorsqu'il s'agissait de cuisine ou de tâches ménagères. Alice (la maman de mon amie Nathalie) est de celle-ci. Elle a servi dans les cuisines de sa mère toute sa jeunesse. Ses recettes de famille, comme la viande au cumin ou les petits farcis, n'ont jamais été écrites auparavant. Elle a **« tout dans la tête »** et vous montre d'un geste de main formant une poche combien de riz il faut ajouter à la farce des choux farcis. À nous de déduire qu'il s'agit de cent grammes…

Environ… Le « environ » est bien une marque de fabrique de la cuisine des mères juives. Ou le très classique « Tu mets **un peu** de cumin ». La fameuse tata Suzanne — dont vous pouvez voir sur Internet la vidéo filmée par son neveu en tapant « tata suzanne boulou » — préconise pour sa recette de *boulou* : « Tu mets un paquet de levure, ou deux… »

Voilà un des challenges que ce livre a tenté de relever : transformer cet héritage oral en recettes écrites, et essayer de quantifier les « environ » des mères juives.

La mienne, Francine, ne voulait pas me voir « perdre du temps » à l'aider en cuisine et m'envoyait à mes devoirs ou à ma musique. Elle tenait ça de sa propre mère, qui préférait lui demander de lire un livre pendant qu'elle cuisinait plutôt que d'éplucher des légumes. Ma mère avoue aisément qu'elle ne savait « même pas cuire un œuf » une fois mariée, et que mon père lui a appris à faire du riz. L'expérience d'un nombre incalculable de shabbat à préparer a fait d'elle la spécialiste de tous les grands classiques tunisiens : couscous, *pkaïla*, bouillon de poulet, *banatages, nikitouche* et autres *manicotti*, cuisinés par ses soins pour ce livre.

J'ai donc été initiée à la cuisine sur le tard, en traînant dans les cuisines de ma mère ou de Perla. Je tiens de Perla de nombreuses et précieuses leçons : ne jamais laisser une pâte à pain prendre l'air, considérer l'art de la pâtisserie comme une affaire de précision ou ne pas hésiter à tester une idée.

Ces femmes, ces mères – Francine, Alice, Perla et les autres – nous livrent volontiers leurs « secrets » : Perla touille tout avec deux spatules, Alice ne jure que par les Cocotte-Minute et assure ne cuire que les gâteaux dans son four, ma mère vous dira qu'elle met des bâtons de cannelle partout (ou presque).

Miele

Diaspora et diversité de la cuisine juive

La gastronomie juive est l'histoire d'un art de vivre, mais surtout d'une diaspora, celle d'un peuple déraciné qui porte en lui l'empreinte du voyage. Qu'elle soit Ashkénaze ou Séfarade, chaque culture juive possède ses propres saveurs et permet de garder vivants des souvenirs familiaux. On se souvient de la « sauce piquante » de sa grand-mère ou des *makrouds* qui mobilisaient toute une famille le dimanche.

« Jusqu'au XXe siècle, les cuisines juives ne se côtoient que très peu. Il faudra attendre les grandes migrations vers Israël pour qu'elles entrent en contact. De ce fait, Israël est le réceptacle d'une culture culinaire variée et forte de sens et d'histoire», rappelle la journaliste Léa Moscana.

Ce doux mélange d'origines et la sacralisation des repas font que la gastronomie israélienne séduit le monde. Il y a moins de dix ans, Paris ne comptait quasiment aucun restaurant israélien, alors que Tel Aviv regorgeait de merveilles de chefs, parfois dans les souks, qui ne servaient qu'une seule et unique spécialité.

« Chaque plat raconte une histoire », écrit Claudia Roden.
Cette journaliste anglaise d'origine égyptienne, auteure du *Grand Livre de la Cuisine juive*, a consacré sa vie à des recherches sur le sujet. Dans cette bible, elle dresse un portrait exhaustif du savoir-faire culinaire juif.

Les Ashkénazes et les Séfarades constituent les deux branches culturelles du peuple juif.

Les Ashkénazes sont des Juifs originaires d'Europe occidentale et de Russie. Leur cuisine est riche de foie haché, de soupe de poulet, d'oignon, d'ail, de choux, de carottes, de pommes de terre et de hareng. Si elle puise ses origines en Europe de l'Est, elle a essaimé partout dans le monde. Elle est mémoire, lien avec nos origines.

Les Séfarades désignent les Juifs dont les racines se trouvent autour de la Méditerranée, au Moyen-Orient et en Asie. Le monde « séf » évoque la chaleur des poivrons, des aubergines, du riz, du piment. Il a l'habitude de préparer des petits plats à déguster froids le jour du shabbat, des crudités, des légumes, des salades, ou des bricks. Aujourd'hui, cette tradition persiste avec la fameuse *kémia* dont ce livre contient des dizaines d'exemples.

« La cuisine séfarade est née à Bagdad. Les Juifs l'ont adoptée et transportée au gré de leurs déplacements », d'après Claudia Roden.

L'Espagne est la seconde grande influence de la cuisine séfarade. Jusqu'en 1492, elle attire les Juifs de tous les pays musulmans.

C'est le déplacement d'Est en Ouest pour le travail ou à cause des persécutions qui a séparé les deux grandes cultures culinaires juives.

Poivrons Doux
FETA
34€ kg
Mélange fruits
et herbes
28€ kg

Claudia Roden affirme également que chaque région ou pays possède ses plats juifs, parfois très éloignés de la cuisine locale. La cuisine juive conserve une manière de préparer et des saveurs spécifiques. La transmission de ce savoir culinaire, avant l'ère de la communication de masse, se faisait par des marchands, des rabbins itinérants, des professeurs et des pèlerins sur le chemin de la Terre promise.

« **L'art culinaire juif constitue ainsi un lien avec le passé, un hymne aux racines, un symbole de continuité.** » Claudia Roden

Dans mes recherches pour l'écriture de ce livre, je me suis intéressée à l'histoire de Miriam, la maman de mon amie Orit, par la mixité de ses origines.

Miriam Cohen Suleyman est née à Kaboul, en Afghanistan. Elle est issue d'une famille de juifs errants originaires de Boukhara ayant émigré à Kaboul, puis Tel Aviv après la création de l'État d'Israël. Après son mariage avec Moshé, juif lui aussi d'origine boukharienne, Miriam est partie vivre à Milan.

Cette itinérance et ces changements de lieux de vie ont été facilités par des repères très forts qui rythmaient leur vie : le shabbat et les fêtes juives. La cuisine était l'un de ces ancrages. Miriam a perpétué la tradition culinaire familiale, « faisant de la cuisine son royaume », aux dires de ses enfants. Le shabbat était toujours l'occasion de mijoter les plats de sa mère et de sa tante. Et la coriandre étant un ingrédient phare, Miriam n'hésitait pas à la ramener d'Israël et à la congeler dans les années 70-80, quand on n'en trouvait pas encore en Italie…

Chez Miriam, le *bakhsh* (page 112) était le plat de tous les vendredis soir, qu'elle servait en accompagnement d'un poulet aux oignons ou d'un rôti de veau. En entrée, elle préparait des filets de poisson frits, imbibés dans une timbale d'eau chaude, d'ail, de sel et de coriandre. Des *kémias* trouvaient place aux côtés de l'entrée : foie de volaille haché, caviar d'aubergines frites, crudités au vinaigre, aubergines frites et marinées avec coriandre, ail et tomates…

Le samedi midi, le menu variait au gré des envies : soit des plats à base de riz blanc accompagnés de viande en sauce (aux épinards, à la coriandre et au persil, à la sauce tomate, aux pois chiches et à l'agneau…), soit des plats uniques où le riz, la viande, les légumes et parfois même des fruits cuisaient ensemble toute la nuit pour finir confits sur la *plata*, plaque chauffante que l'on sortait pour shabbat.

Encore aujourd'hui, Miriam réunit sa famille autour de dîners conviviaux où l'abondance des plats est un signe de bien-être et de bonheur partagé.

Ce que ce livre espère apporter

Face à l'accélération du temps et des distractions, le shabbat marque une pause. Le dîner du vendredi offre ainsi un rituel précieux de communion et de partage avec les siens et fait l'objet d'une préparation et d'une attention particulières en cuisine.

Shabbat dinners rend hommage à l'immense diversité de la cuisine juive. Un voyage initiatique, spirituel et gourmand, à vocation universelle : faire revivre les émotions et saveurs des souvenirs de shabbat de l'enfance ; apporter un souffle neuf dans les repas du vendredi soir ; permettre aux curieux de découvrir la richesse de ces spécialités juives.

Ce livre est un répertoire culinaire authentique de plus de 90 recettes de shabbat (de famille, d'amis, de chefs). Des recettes traditionnelles iconiques séfarades ou ashkénazes, mais aussi des plats plus modernes, inspirés du courant israélien, dont certains ont été spécialement pensés pour les enfants. Des recettes pour les fêtes du calendrier juif (Pessah, Rosh Hashana, Chavouot...), et des pas à pas pour réaliser les indispensables *hallot* (pains tressés). Avec des reportages inédits qui mettent en scène ces nourritures inspirées, où des cuisinières/auteures comme Perla Servan-Schreiber ou Florence Kahn font table ouverte et nous invitent à partager leur repas de shabbat.

Les recettes de ce livre sont toutes abordables, quel que soit votre niveau de cuisine, avec ce que comporte d'approximation la transmission de mère en fille… et en fils.

NB : Toutes les photos de ce livre ont été prises en dehors de shabbat.

Shabbat

et calendrier juif

Shabbat shalom

« Ainsi furent achevés le Ciel et la Terre avec tout ce qu'ils renferment.
Dieu mit fin, le septième jour, à l'œuvre faite par Lui. » (Genèse 2 : 1-4)

Le shabbat célèbre le septième jour de la Création biblique. Il commence le vendredi, dix-huit minutes avant le coucher du soleil, et se termine le lendemain soir, après la tombée de la nuit, quand trois étoiles sont visibles dans le ciel. Le shabbat (« cesser », « se reposer ») constitue un moment essentiel de la vie familiale. C'est aussi un moment de pause, une parenthèse, marquant une différence avec le reste de la semaine par l'absence de travail et le soin particulier apporté à la préparation du dîner du vendredi soir.

Shabbat est un des piliers essentiels du peuple juif, il est observé exactement le même jour par toute la population juive, où qu'elle se trouve dans le monde. Par ce jour de repos du shabbat, les Juifs sont extraordinairement fortifiés et spirituellement unifiés. Il n'y a pas un vendredi, quels que soient leur nationalité ou le pays d'origine de leurs parents, où les Juifs du monde entier ne se souhaitent pas un *Shabbat shalom* (« Que vienne la paix du shabbat »).

Dans l'esprit de shabbat, on est plus puissant, plus rayonnant grâce au supplément d'âme (*nechama yetera*) qu'offre cet « îlot de paix ». Toutes nos forces vont se décupler alors. Les Juifs chérissent le shabbat. Ils en retirent force, énergie, espoir et bonheur.

À tel point que ce jour, marqué par la mise à distance du travail, de la frénésie d'occupations et par l'omniprésence des technologies a inspiré des courants d'idées comme le « Digital Shabbat », inventé en 2010 aux États-Unis par Tiffany Shlain et Ken Goldberg pour décrire une journée sans téléphone ni tablette ou télévision. D'autres, comme Casper Ter Kuile (*The Power of Ritual*), font de shabbat un modèle pour se recentrer sur soi et les siens. Il évoque à ce sujet une étude montrant que l'observance du shabbat a des effets positifs sur la santé mentale.

Le shabbat est bel et bien un jour sacré et solennel. À l'entrée du shabbat, les religieux disent une prière sur le vin dans un rituel appelé *kiddouch* (« sanctification »). Après le *kiddouch*, le shabbat est célébré par un festin différent des plats consommés durant la semaine.

Le shabbat est composé de trois grands repas : le dîner du vendredi soir, le déjeuner du samedi et un repas plus modeste le samedi soir. Le jeudi soir et le vendredi matin, on prépare la nourriture de tous les repas. Pour les plus pratiquants, *shomer shabbat* (« observants du shabbat »), les plats sont réchauffés sur une plaque, la *plata*. Les temps de préparation sont de grands moments de réunion familiale, d'union, d'échanges, d'amour, de joie.

Il est du devoir de la communauté de s'assurer que toutes les familles puissent marquer les trois repas de shabbat.

Le dîner de vendredi et sa table dressée

« Trêve dans l'ordre spirituel mais aussi dans l'ordre social et alimentaire, le shabbat, royaume et bastion de la tradition, rompt le cycle hebdomadaire dans les cuisines aussi », rappelle l'anthropologue Joëlle Bahloul, enseignante à l'Université de l'Indiana, aux États-Unis.

Elle décrit la table de fête comme un lieu de culte et explique que la ritualisation des actes gastronomiques transforme la cuisine en sanctuaire, la salle à manger en temple miniature, la cuisinière en grande prêtresse.

L'allumage des bougies, la récitation du *kiddouch* (prière de sanctification de la journée) sur le verre de vin, le lavement rituel des mains, la division du pain et la distribution des morceaux saupoudrés d'une pincée de sel, autant d'actions accompagnées de bénédictions et de prières qui contribuent à conférer au repas son caractère sacré.

La table préparée pour le shabbat, quel que soit l'endroit dans le monde, est mise très soigneusement avec nappe et serviettes brodées, vaisselle richement décorée, chandeliers et gobelets en argent. Cela reflète l'importance de la table et la solennité du shabbat et des fêtes dans la vie juive.

ICON
2015

חג
שמח

Le vendredi soir, on allume les bougies, on se réunit en famille ou avec des amis autour d'une table recouverte d'une nappe blanche marquant le début du shabbat. On bénit le vin et le pain, et tous les convives honorent les plats qui ont été préparés avec un grand soin.

Tout comme on accueille le shabbat le vendredi avec du vin, on en prend congé le samedi soir avec une autre coupe de vin, lors de la cérémonie appelée *havdala* (séparation du shabbat des jours ordinaires de la semaine).

Les recettes traditionnelles du shabbat, généralement très anciennes, diffèrent selon les communautés séfarades, ashkénazes ou israéliennes. Elles sont inscrites dans un carnet qui se transmet de génération en génération.

Les règles de la *cacherout*

« Tu ne feras point cuire le chevreau dans le lait de sa mère. » (Exode 23 : 19)

La *cacherout* rassemble les règles alimentaires juives établies par la Torah. Certaines viandes et poissons sont interdits, tels que le porc, les mammifères qui ne ruminent pas et qui n'ont pas de sabots fendus, les poissons qui n'ont pas d'écailles, d'arête centrale et de nageoires, les fruits de mer, les insectes. Parmi les poissons autorisés : saumon, thon, daurade, bar, sardine, truite, lieu, mérou, rascasse, sole… La liste exhaustive est sur le site du Consistoire (consistoire.org).

La viande doit être *cacher* (« autorisée ») et on ne mélange pas les produits laitiers et carnés dans un même repas. Cette règle gouverne la classification de repas *halavi* (contenant un produit laitier) et de repas carné. Lors d'un repas *halavi*, toute viande ou bouillon de poulet est exclu.

Ce livre comprend des recettes à base de produits laitiers, car un shabbat peut être organisé sans aucune viande, avec des poissons ou des plats végétariens.

Selon le niveau de pratique de chacun, on se conformera à cette séparation stricte entre la consommation de produits laitiers et carnés avec les six heures nécessaires d'attente entre les deux. Les plus pratiquants conservent même les produits lactés et carnés dans des frigos différents, et utilisent une vaisselle distincte.

La cuisine juive est intrinsèquement dénuée de plat du type blanquette de veau, un non-sens pour un juif aussi libéral soit-il (sauf à en imaginer une version avec de la crème de soja au lieu de la crème fraîche, et de l'huile au lieu du beurre. Mais servir un tel plat serait vraiment saugrenu, voire provocateur, et soulèverait sans nul doute des sourcils).

Quelques prières de shabbat

Nous ne prétendons pas citer toutes les prières de shabbat, mais celles-ci apportent un éclairage sur le sens de quelques bénédictions du vendredi soir.

L'allumage des bougies

D'abord avant l'entrée de shabbat, une « prescription réservée en priorité aux maîtresses de foyer ». On approche ses mains afin de sentir la chaleur des flammes, et on se couvre les yeux des mains avant de réciter la bénédiction suivante :

« Baroukh ata Adonaï, Elohènou, melekh ha-olam, asher kiddeshanou bèmitzvotav vètzivanou lèhadliq ner shel shabbat. »
« Béni es-Tu Éternel, notre Dieu Roi de l'univers, Qui nous as sanctifiés par Tes commandements et nous as prescrit l'allumage des bougies du shabbat. »

Le *kiddouch* (rituel de « sanctification ») du vendredi soir

Le *kiddouch* marque la transition entre les jours de la semaine et le jour saint du shabbat. Il est récité le vendredi soir et comprend :

BETTER DO IT
27
D&G

• Une récitation du passage biblique du septième jour de la Création (Genèse 2 : 1-4) ;

« *Yom hachichi. Vayekhoulou hachamaïm vehaaréts vekhol tsevaam. Vayekhal Élohim bayom hachevii mélakhto achèr assa, vayichboth bayom hachevii mikol mélakhto achèr assa. Vayevarèkh Élohim eth yom hachevii vayekadéch oto, ki vo chavath mikol mélakhto achèr bara Élohim, laassoth.* »

Regardez le vin (ou le jus de raisin), puis dites :

« *Savri maranane* »

« Le Ciel et la Terre, et tout ce qu'ils renferment étaient achevés. Le septième jour, Dieu a clos l'œuvre qu'Il avait accomplie. Il fit cessation, au septième jour, de tout ouvrage qu'Il avait produit. Et Dieu bénit le septième jour et le proclama saint, parce qu'en ce jour, Il fit cessation de toute l'œuvre qu'Il avait créée et de tout ouvrage qu'Il avait accompli. »

« Avec votre permission, maîtres, messieurs. »

• La bénédiction sur une coupe de vin :

« *Baroukh ata Adonaï, Elohènou, melekh ha-olam, borè peri hagaffen.* »

« Béni es-Tu Éternel, notre Dieu Roi de l'univers, Qui crées le fruit de la vigne. »

• La bénédiction de sanctification du shabbat, rappelant son lien au peuple d'Israël, à la Création et à la sortie d'Égypte :

« *Baroukh ata Adonaï, Elohènou, melekh ha-olam, asher kideshanou bemitzvotav,*
veratza banou, veshabbat kodsho bèahava oubèratzonn hin'hilanou,
zikaron lema'asse bereshit, t'hila lèmiqraeï kodesh, zekher li'ytziat Mitzraïm,
vèshabbat kodshèkha bèahava oubèratzon hin'haltanou,
baroukh ata adonaï, mekadesh hashabbat. »

« Béni es-Tu Éternel, notre Dieu Roi de l'univers, Qui nous as sanctifiés par Tes commandements, as trouvé plaisir en nous et, avec amour et faveur, nous as donné Ton saint Shabbat en héritage, souvenir de l'œuvre de la Création, début des convocations saintes, souvenir de la sortie d'Égypte, et ton Shabbat saint, nous as-Tu donné avec amour et faveur en héritage, béni es-Tu Éternel, Qui sanctifies le Shabbat. »

• L'ablution des mains rituelle avant de bénir le pain :

« *Baroukh ata Adonaï, Elohènou, melekh ha-olam, asher kideshanou bemitzvotav, vètzivanou 'al netilat yadayim.* »

« Béni es-Tu Éternel, notre Dieu Roi de l'univers, Qui nous as sanctifiés par Tes commandements, et nous as prescrit l'ablution des mains. »

• La bénédiction sur les deux *hallot* qu'on tient dans nos mains :

« *Baroukh ata Adonaï, Elohènou, melekh ha-olam, hamotzi lèkhem min ha-aretz.* »

« Béni es-Tu Éternel, notre Dieu Roi de l'univers, Qui fais sortir le pain de la terre. »

בָּרוּךְ אַתָּה יְהוָה, אֱלֹהֵינוּ מֶלֶךְ הָעוֹלָם, אֲשֶׁר קִדְּשָׁנוּ בְּמִצְוֹתָיו וְצִוָּנוּ לְהַדְלִיק נֵר שֶׁל שַׁבָּת.

Allumage des bougies

יוֹם הַשִּׁשִּׁי, וַיְכֻלּוּ הַשָּׁמַיִם וְהָאָרֶץ וְכָל־צְבָאָם: וַיְכַל בראשית ב
אֱלֹהִים בַּיּוֹם הַשְּׁבִיעִי מְלַאכְתּוֹ אֲשֶׁר עָשָׂה, וַיִּשְׁבֹּת
בַּיּוֹם הַשְּׁבִיעִי מִכָּל־מְלַאכְתּוֹ אֲשֶׁר עָשָׂה: וַיְבָרֶךְ
אֱלֹהִים אֶת יוֹם הַשְּׁבִיעִי וַיְקַדֵּשׁ אֹתוֹ, כִּי בוֹ שָׁבַת
מִכָּל־מְלַאכְתּוֹ, אֲשֶׁר בָּרָא אֱלֹהִים לַעֲשׂוֹת:
סַבְרִי מָרָנָן,
בָּרוּךְ אַתָּה יְהוָה, אֱלֹהֵינוּ מֶלֶךְ הָעוֹלָם, בּוֹרֵא פְּרִי הַגָּפֶן:
בָּרוּךְ אַתָּה יְהוָה, אֱלֹהֵינוּ מֶלֶךְ הָעוֹלָם, אֲשֶׁר קִדְּשָׁנוּ בְּמִצְוֹתָיו וְרָצָה בָנוּ, וְשַׁבַּת קָדְשׁוֹ בְּאַהֲבָה וּבְרָצוֹן הִנְחִילָנוּ, זִכָּרוֹן לְמַעֲשֵׂה בְרֵאשִׁית, תְּחִלָּה לְמִקְרָאֵי קֹדֶשׁ, זֵכֶר לִיצִיאַת מִצְרָיִם. וְשַׁבַּת קָדְשְׁךָ בְּאַהֲבָה וּבְרָצוֹן הִנְחַלְתָּנוּ. בָּרוּךְ אַתָּה יְהוָה, מְקַדֵּשׁ הַשַּׁבָּת.

Kiddouch

בָּרוּךְ אַתָּה יְהוָה, אֱלֹהֵינוּ מֶלֶךְ הָעוֹלָם, אֲשֶׁר קִדְּשָׁנוּ בְּמִצְוֹתָיו, וְצִוָּנוּ עַל נְטִילַת יָדָיִם.

Ablution des mains

בָּרוּךְ אַתָּה יְהוָה, אֱלֹהֵינוּ מֶלֶךְ הָעוֹלָם, הַמּוֹצִיא לֶחֶם מִן הָאָרֶץ.

Bénédiction du pain

Dans certaines familles, on trempe de généreux morceaux de pain dans du sel, et on les distribue à chaque convive, sans leur donner directement dans la main, avant de commencer le repas d'un éternel *Shabbat shalom*.

« Open shabbat »

En règle générale, l'invitation à shabbat est dénuée de formalisme. C'est la même maison qui reçoit, ou alors on alterne d'une maison à une autre selon les familles. Shabbat est un moment où « la porte reste ouverte ».

« Une famille est un groupe qui partage le même repas pour dîner. »

Nora Ephron, cinéaste

Quand un jour de fête tombe un vendredi soir

Basée sur le calendrier hébraïque, l'année juive comporte des fêtes universelles avec, pour chacune d'elles, des symboles spécifiques et des plats différents d'une région à l'autre.

Lorsqu'un vendredi soir coïncide avec une fête, les règles de la fête peuvent être changées. Ainsi, si la veille de Pessah est un shabbat, de nombreuses lois ne sont plus appliquées comme une veille de Pessah ordinaire, et la *hallah* est forcément remplacée par de la *matsa*.

Le calendrier juif

Le calendrier hébraïque est un calendrier de sept jours commençant le dimanche et se terminant le samedi, jour du shabbat. Son point de départ se situe en octobre 3761 av. J.-C., date à laquelle le monde a été créé, selon la Genèse (*Berechit*, « commencement »), le premier livre de la Bible. L'année juive est jalonnée d'événements qui complètent le calendrier traditionnel des fêtes, de Souccot à Chavouot, en passant par Pourim et Pessah.

Rosh Hashana, le Nouvel An

— septembre-octobre

Le Nouvel An dans le calendrier hébraïque commence au coucher du soleil et est fêté pendant deux jours. C'est un moment de joie et de méditation. Si Rosh Hashana (« tête de l'année ») tombe un vendredi soir, après les bénédictions du pain et du vin, on ouvre le solennel *seder* avec une série de prières et des mets à forte portée symbolique, dont la grenade et un morceau de pomme que l'on trempe dans du miel pour une année douce.

Yom Kippour, le jour du Grand pardon

— la semaine qui suit Rosh Hashana, septembre-octobre

Dix jours après Rosh Hashana, vient Yom Kippour, jour de jeûne, de prière et de réconciliation. Le dernier repas pris avant le jeûne de vingt-cinq heures est servi dans l'après-midi, avant la tombée de la nuit, et doit être nourrissant. Les Séfarades comme les Ashkénazes ont l'habitude de consommer un bouillon de poulet, avec des boulettes de *matsa*, ou des *kreplech* pour ces derniers (page 109).

À la sortie du jeûne, les Séfarades se précipitent vers la limonade, une confiture de coings et les différents gâteaux faits maison : *caques, bescoutous* ou *boulous* (pages 285, 288 et 282).

Souccot, la fête des Cabanes

— plusieurs jours après Yom Kippour, généralement en octobre

Cette fête célèbre les quarante années d'errance des Juifs dans le désert après avoir fui l'esclavage de l'Égypte ancienne. Souccot dure huit jours, sept en Israël. Les pratiquants construisent une cabane, une *souccah*, faite de branches de figuier, de palmier, un lieu de culte extérieur et temporaire qui sert de salle à manger pendant la fête. On consomme des mets farcis pour sublimer l'abondance de la saison.

Hanoucca, la fête des Lumières

— généralement en décembre

Hanoucca célèbre la réinauguration du Temple de Jérusalem où se produit le miracle de la fiole d'huile, qui a brûlé pendant huit jours alors que la quantité d'huile trouvée était à peine suffisante pour une journée. Lors de la fête des Lumières, on allume la *hanouccia*, chandelier à neuf branches.
On déguste pour Hanoucca des plats frits : des *latkes* de pommes de terre pour les Ashkénazes (page 106), des beignets à la confiture (*soufganioth*) chez les Israéliens.

Tou Bishvat, le nouvel an des arbres

— généralement en janvier

Passage des récoltes des arbres d'une année à l'autre, Tou Bishvat est l'occasion de déguster des abricots, des pommes, des figues, des prunes, des olives. On consomme également des plats à base de blé, d'orge, de raisin, de grenade et d'olives.

Pourim

— février-mars

Pourim célèbre une légende biblique contant l'héroïsme de la reine Esther qui sauva tous les Juifs de Perse. C'est une fête pleine d'allégresse. Les enfants se déguisent et reçoivent des cadeaux. On s'offre des pâtisseries entre amis. Les Séfarades font des *manicotti* (page 267), les Ashkénazes des *hamantashen* qui rappellent les oreilles d'Haman, ennemi légendaire des Juifs. À Tel Aviv, Pourim est véritablement un carnaval où enfants comme adultes se déguisent et dansent dans les rues.

Hanouccia, chandelier à neuf branches que l'on utilise pour allumer les lumières chaque jour de la fête d'Hanoucca.

Pessah, la Pâque juive
— février-mars

Aucun rite n'a survécu aussi longtemps et n'est resté aussi fidèle à sa forme d'origine que celui de Pessah. De nos jours encore, dans tous les coins du monde, des familles juives se réunissent pour reconstituer le *seder* de Pessah originel, année après année. La fête de Pessah dure huit jours, sept en Israël.

Pessah célèbre l'exode du peuple juif fuyant l'Égypte et l'esclavage. Dans leur précipitation, ils n'eurent pas le temps de laisser lever la pâte à pain. Pour perpétuer la tradition, pendant huit jours, les Juifs ne consomment pas de *hamets*, soit des pains ou mets à base de blé, d'orge, d'avoine, d'épeautre, qu'ils remplacent par de la *matsa*, un pain non levé. Lors des premières nuits de Pessah, les familles et les amis se réunissent pour le *seder* : on lit la Haggada, qui conte la libération et la sortie des Juifs d'Égypte en dégustant des plats copieux.

Le soir du *seder*, on dispose sur la table un plateau contenant des aliments symboliques :

• Trois *matsot*, placées l'une au-dessus de l'autre ;
• Le *karpas*, qui dépend des coutumes de chacun. On peut utiliser du céleri, du persil ou de la pomme de terre bouillie, symboles du renouveau et de la régénération ;
• L'eau salée versée dans un bol à côté du plateau, où l'on trempe le *karpas* au début du *seder* ;
• Le *maror*, herbes amères pour nous rappeler les temps amers de l'esclavage, pour lequel on utilise de la romaine, des endives, du radis noir râpé ;
• Le *beitsa*, œuf dur, pour rappeler le deuil de la destruction du Temple ;
• Le *zeroa*, os d'agneau rôti, représentant l'agneau pascal sacrifié par les esclaves ;
• L'*harosset*, mélange de fruits et de noix évoquant le mortier que les esclaves hébreux utilisaient lors de leurs travaux. En fonction des coutumes de chacun, on compte une multitude de variantes selon les différentes communautés.

Harosset ashkénaze

1 pomme
25 g de noix moulues
1 cuillerée à café de cannelle en poudre
2 cuillerées à soupe de vin doux
1 cuillerée à soupe de sucre ou de miel

Épluchez, épépinez et hachez la pomme, puis ajoutez les autres ingrédients dans un bol. Mélangez bien.

Harosset séfarade

50 g de noix concassées
50 g d'amandes mondées
150 g de dattes fraîches et dénoyautées
150 g de raisins secs
2 cuillerées à soupe de graines de grenade avec leur jus
1 cuillerée à café de cannelle en poudre
1 cuillerée à café de cardamome en poudre
1 pincée de clou de girofle en poudre
1 à 2 cuillerées à soupe de jus d'orange

Hachez finement les noix et les amandes. Mettez-les dans un bol, puis ajoutez les dattes et les raisins secs préalablement mixés, ainsi que les graines de grenade et les épices. Mouillez légèrement avec le jus d'orange. Réservez au frais.

Chavouot, le don de la Torah

— mai-juin

Chavouot célèbre le moment où Dieu dévoile la Torah, qui contient les Dix Commandements, aux Juifs sur le mont Sinaï. Lors de cette fête, on mange des mets lactés. Les Israéliens préparent des *borekas* au fromage, les Ashkénazes des cheesecakes (page 296).

Mon père ayant disparu la veille de Chavouot, c'est une fête marquante pour moi. Ma dernière conversation avec lui remonte à un appel en FaceTime alors que j'arpentais le marché de Tel Aviv en mai 2015, et que je lui montrais la fébrilité du lieu en cette veille de fête, où les échoppes emplies de fromages et de cheesecakes étaient dévalisées pour l'occasion.

Ce livre lui rend hommage… Lui qui n'hésitait pas à faire entrave à toute tentative de régime dès qu'un casse-croûte tunisien ou une *pkaïla* était à l'ordre du jour. Lui, qui n'aurait jamais imaginé que je cuisine un dîner de shabbat… **encore moins que j'en fasse un livre.**

FLEUR D
DE LA
PRESQU'ILE GUERANDAISE

Recettes héritées de nos mères

quand shabbat rime avec transmission...

Perla, Francine, Alice, Florence, Fabienne, Georgette, Miriam… Ces femmes nous ont confié certaines des recettes ancestrales de ce chapitre. Elles dessinent toute la diversité de la cuisine juive et nous font revivre des souvenirs d'enfance. De la salade cuite à la *magbouba* ou la *chakchouka*, les mariages tomate-poivron-ail sont un voyage en soi. Toute la magie de ce livre fut de récupérer ces recettes qui se transmettent de mère en fille/fils, souvent oralement.

Perla, à la table de la joie

Perla Servan-Schreiber fait partie des rencontres les plus importantes de ma vie. L'essayiste et auteure de multiples livres à succès nous a accueillis pour un délicieux dîner de shabbat inspiré des recettes de cuisine de son enfance. De sa propre confession, il s'agissait alors d'une première de sa vie d'adulte. Elle avait jusque-là gardé des souvenirs d'ennui profond de shabbat – comme le dévoile sa préface à ce livre.

Perla se définit comme femme et juive : « deux dimensions immuables de mon être. » Née au Maroc, son identité est ancrée dans le judaïsme par sa descendance avec Maïmonide, philosophe du XIIe siècle qui a marqué l'histoire et une lignée d'illustres rabbins jusqu'à son grand-père, le Grand Rabbin de Fès, Mimoun Danan. L'un des joyaux de la culture juive marocaine et l'une des plus importantes synagogues de l'Afrique du Nord porte d'ailleurs le nom de Danan. Classée au patrimoine mondial de l'UNESCO, cette synagogue datant du XVIIe siècle est devenue un musée.

Avant-dernière d'une fratrie de six, elle grandit dans un milieu pratiquant, mais ni elle ni sa sœur n'ont reçu d'éducation religieuse, celle-ci étant réservée aux hommes. Les femmes n'étaient pas non plus autonomes financièrement. « Ma mère devait demander un sou à mon père pour acheter un bouquet de menthe », nous confie-t-elle. De fait, la vie de sa mère était « unidimensionnelle » : cuisiner, s'occuper des enfants et de son mari.

À 14 ans, Perla la rebelle s'enfuit chez ses grands-parents à El Jadida. Sa liberté était comme un cri : elle rompt avec la tradition familiale de se marier à 18 ans car elle souhaite plus que tout ne pas reproduire le modèle de sa mère.

L'itinéraire de Perla a été ensuite constamment empreint d'une farouche liberté, dont elle a fait sa signature. À cette liberté s'ajoute l'absence d'un fléau très souvent féminin, dit « syndrome d'imposteur ». « Une question de tempérament. J'ai su me rendre disponible à des rencontres, j'ai eu de la chance… »

Dans ses choix d'études, Perla opère plusieurs tournants au gré de ses envies. Après un stage à la pharmacie Baja de Fès, elle se met en tête de devenir prof. Elle se retrouve catapultée prof d'anglais à 18 ans d'une classe de quatrième. Découragée par ce métier au lycée, elle prend à nouveau le large et s'inscrit en fac de droit pour décrocher une licence de droit public et sciences politiques « car le prof était génial ! ».

Arrivée en France en novembre 1966, elle enchaîne sur un doctorat de droit afin de poursuivre son rêve d'enseigner à l'université. Au final, elle déteste l'atmosphère de la Sorbonne et ses amphis bondés. La rencontre avec Bernard Lasnier de la Valette, alors directeur de la régie du magazine *ELLE*, marque un tournant dans sa vie professionnelle. Il lui propose de rejoindre son équipe, ce qu'elle accepte sans avoir la moindre idée du métier de journaliste ni de chef de publicité. Elle ne soupçonne pas alors que le monde des magazines façonnera sa trajectoire.

L'autre rencontre majeure de sa vie a été sans conteste Jean-Louis, qu'elle a épousé au Maroc, à 43 ans. La reproduction du modèle maternel s'est finalement opérée de son propre aveu, car elle aimait profondément le servir. À ceci près qu'elle l'avait choisi, et qu'ils ont codirigé des magazines pendant vingt-huit ans.

En 2018, alors qu'il accompagnait Perla à une conférence où elle intervenait, Jean-Louis, ce *mensch,* figure emblématique des médias et auteur de plusieurs livres, aimait se présenter comme étant « le mari de Perla ».

« J'ai souvent pensé et dit de Perla qu'elle était la plus grande chance de ma vie. Nous partageons le plus simple et le plus décisif des plaisirs, celui d'être. » Jean-Louis

Une chance que tous ses amis mesurent aussi. Ses aficionados, dont Amandine, rédactrice en chef de My Little Paris, qui raconte :

« Perla est la rencontre spirituelle qui m'a le plus transformée. Dans ses livres de recettes, elle écrit de telle manière qu'on a toujours l'impression qu'elle est derrière nous quand on est aux fourneaux, à nous chuchoter de mettre moins de sel, plus de miel. Cela a le même effet sur le regard que je porte sur la vie. C'est comme une étoile qui brille dans ma tête et me fait observer les choses avec plus de joie et d'acceptation. ***Chez My Little, il n'est pas rare qu'un jeune employé tout juste arrivé la cite, entre deux références de rappeurs. »***

À Paris, celle à l'allure gracieuse et inimitable, qui s'habille exclusivement de blanc, observe un rituel de faire dix mille pas matinaux par jour. Elle traverse tous les jours les mêmes ponts et observe leur beauté avec les yeux du premier jour.

Son émerveillement permanent est contagieux, et a changé mon regard sur des choses toutes simples : une photo, un brin de basilic… une pizza.

Je me souviens (comment oublier ?) d'un voyage à Copenhague avec deux autres foodies. Perla et moi croisons le regard de pizzas* en route pour un déjeuner au restaurant étoilé *Geranium*. Nous nous sommes arrêtées pour en goûter une, malgré le regard désapprobateur de notre précieuse amie Fany qui avait réservé le restaurant de longue date et s'inquiétait de notre gourmandise.

Un jour, Perla m'a offert une copie de son essai, magistral, anticonformiste, écrit en 1994, *La Féminité, de la liberté au bonheur.* Toujours incroyablement d'actualité, il incite les femmes à être libres de choisir la vie qu'elles souhaitent. Je le relis souvent et y trouve l'inspiration sur des questions de société sur lesquelles je travaille.

Ce livre était dédié à sa petite fille Pénélope qui venait de naître, afin qu'elle puisse avoir le destin d'une femme libre. Aujourd'hui, Pénélope a 28 ans. Jeune femme drôle, pétillante et libre, elle me confie « manier la mère juive *al dente* ». Elle qui habite juste à côté de Perla, sa grand-mère, « prunelle de ses yeux ».

L'étoile du Nord de Perla est la joie :
« J'aime me frotter à des gens joyeux. Ma source de joie, ce sont les autres. Petits-enfants, amis et famille. La joie est partout. Un bouquet me met en joie. Se lever le matin, le premier café, une cigarette, marcher et regarder les choses, tout cela me met en joie. Se rendre disponible pour ressentir cette joie. »

La joie, selon elle, est un terreau qui se cultive, se nourrit d'engrais : « Il ne faut pas considérer que c'est acquis », aime-t-elle à rappeler. **« J'ignore si la joie s'apprend. J'en doute. Sinon les joyeux seraient plus nombreux. »****

« On a le gène de la joie ou on ne l'a pas. » Ce fameux gène lui est venu de sa mère, qui aimait rire en compagnie. « Grande cuisinière, sa nourriture était d'abord la joie. »

Quand son père est mort, il fallait un projet pour sa mère. Perla lui a suggéré d'écrire son livre de recettes. *La Nouvelle Cuisine judéo-marocaine*, de Simy Danan, est paru en 1994 et a été un véritable succès. Elle a hérité alors de son patrimoine culinaire… mais pas de son sens du sacrifice (« ça non ! »).

Auteure de plusieurs livres de cuisine, dont le dernier, *Enjoy !*, célèbre les grandes tablées, la cuisine a une fonction de joie « insoupçonnable » dans sa vie, aussi bien en la faisant que la servant. La cuisine est aussi son meilleur antidote au stress. Il peut montrer le bout de son nez, **« il n'a pas le temps de s'installer, je le roule dans la farine ».****

Préparer des *hallot* chaque semaine prend alors une tout autre dimension. En les confectionnant, le stress reste à la porte.

Au fond, le rêve d'enseignement de Perla n'a pas cessé de se réaliser. Je suis au premier rang de ceux et celles qui, étudiant.e.s de sa philosophie de vie, espèrent un jour percer le mystère de sa question essentielle : **« Et si vivre pleinement se résumait à vivre sans pourquoi ? »****

**La pizzeria Baest, je vous la conseille !*

** *Extraits de* Ce que la vie m'a appris, *Flammarion, 2017.*

Kémias

Pas de shabbat sans kémia.
Ce mot séfarade désigne une multitude de petites entrées « qui mettent en appétit », disposées sur la table de shabbat. Selon les familles et le nombre de convives, on en compte habituellement entre quatre et huit. Les Ashkénazes utilisent plutôt le terme d'entrées, quand les Israéliens les appellent mezzé. La confection des kémias se fait souvent le jeudi, mais on garde les assaisonnements pour la dernière minute. Ces plats sont servis dans des petites assiettes, souvent d'un même service, disposées sur la table dès le début du dîner. Les kémias se dégustent souvent froides, ou tièdes selon les cas.

Aubergines grillées

AU CITRON CONFIT & PERSIL

« On pourrait faire un chapitre entier sur l'aubergine », m'a dit un ami chef israélien. Cette recette de Perla est un délice, les notes de citron confit rehaussent le goût des aubergines grillées.

POUR 4 À 6 PERSONNES (SELON LE NOMBRE DE KÉMIAS SERVIES)

2 aubergines bien fermes et brillantes (si possible tigrées)
1 citron confit (ou à défaut 1 citron frais)
1 bouquet de persil plat
1 belle gousse d'ail rose
Huile d'olive
Fleur de sel

Chauffez le four au maximum à chaleur tournante. Rincez les aubergines et ôtez une bande de peau sur deux. Taillez-les en dés de 1 cm de côté.

Badigeonnez la plaque du four d'huile d'olive. Saupoudrez-la de sel puis déposez les cubes d'aubergine. Mélangez bien pour les enduire d'huile et de sel. Faites cuire au four chaud pendant 15 à 20 minutes jusqu'à ce que les aubergines soient caramélisées.

Ôtez les pépins du citron confit, puis taillez-le en petits dés (zestes compris). Rincez le persil et coupez-le finement.

À la fin de la cuisson, mettez-les cubes d'aubergine dans un saladier et laissez refroidir. Ajoutez l'ail écrasé, le persil ciselé et les dés de citron confit (ou cru). Mélangez et dégustez à température ambiante.

Ingrédients phares

Citron confit

Ingrédient incontournable de la cuisine orientale, le citron confit est un condiment qui se marie parfaitement avec les poissons, l'agneau et la volaille. Il est idéal pour parfumer les bricks ou les boulettes. Vendu en bocal, vous le trouverez dans les épiceries fines ou orientales.

Il est aussi possible de préparer ses propres citrons confits : incisez le haut des citrons (idéalement non traités) d'une croix et mettez-les dans une casserole avec de l'eau à hauteur. Salez généreusement, et au moment de l'ébullition, laissez cuire le tout pendant 15 à 20 minutes environ.
Mettez les citrons entiers dans un bocal stérilisé hermétique, avec l'eau de cuisson, et laissez macérer 1 semaine minimum. Les citrons doivent être bien immergés dans la saumure.

Pour des citrons confits à l'huile d'olive : coupez les citrons en quartiers, puis faites-les dégorger dans du gros sel toute une nuit. Le lendemain, égouttez-les, mettez-les dans un bocal, puis recouvrez-les complètement d'huile d'olive. Laissez macérer ainsi pendant 1 mois minimum, à l'abri de la lumière.

Salade de citrons
AUX OIGNONS NOUVEAUX

Une recette originale de salade concoctée par Perla. Elle est idéale également pour accompagner les plats de poisson. Certes acidulée, elle reste douce en bouche.

POUR 4 À 6 PERSONNES (SELON LE NOMBRE DE KÉMIAS SERVIES)

2 gros citrons (de Menton, idéalement)
2 oignons nouveaux
3 cuillerées à soupe de persil plat
4 cuillerées à soupe d'huile d'olive
Fleur de sel, poivre du moulin

Rincez les citrons et râpez leurs zestes à l'aide d'une Microplane® (râpe fine). Mettez-les dans un bol avec le jus de 1 citron.

Épluchez les oignons et émincez-les finement. Coupez les citrons en dés de 1 cm, mettez-les dans un saladier avec les oignons. Mélangez bien.

Ajoutez la moitié du persil plat et l'huile d'olive. Mélangez et laissez reposer pendant 2 heures environ en remuant de temps en temps.

Juste avant de servir, ajoutez les zestes de citron avec le jus. Salez et poivrez. Parsemez le tout avec le persil restant.

Salade de carottes
AU CUMIN

Pour cette salade classique de shabbat, toutes les familles ont leur propre variante pour doser le cumin, le paprika et l'ail, selon les goûts et les envies. Voici la délicieuse version de Perla.

POUR 4 À 6 PERSONNES (SELON LE NOMBRE DE KÉMIAS SERVIES)

600 g de carottes en botte
2 gousses d'ail
½ cuillerée à café de paprika doux
½ cuillerée à café de cumin en poudre
2 cuillerées à soupe d'huile d'olive
1 citron
10 brins de persil plat
Sel, poivre du moulin

Épluchez les carottes et faites-les cuire dans une casserole d'eau bouillante salée pendant 15 à 20 minutes avec l'ail épluché.

Égouttez les carottes et laissez-les tiédir. Réservez l'ail pour la suite. Coupez les carottes en rondelles obliques de 2 cm d'épaisseur. Déposez-les dans un saladier.

Dans un bol, écrasez l'ail cuit à l'aide d'une fourchette avec le paprika et le cumin. Ajoutez l'huile et le jus du citron. Salez et poivrez.

Versez cette sauce sur les carottes, mélangez délicatement. Parsemez de persil plat ciselé.

Chakchouka

DE PERLA

Comme nous le rappelle Perla, « cette spécialité judéo-arabe, comme beaucoup d'autres, symbolise la fraternité de bouche entre ces deux peuples ». Pour elle, cette recette se consommait en entrée pour le shabbat exclusivement, dès le vendredi soir. Les ingrédients de départ sont toujours les mêmes : poivrons, tomates, ail et huile d'olive. Pour autant, il existe autant de recettes que de familles... Le signe infaillible pour savoir si la chakchouka est prête ? La cuisson est parfaite lorsqu'elle commence tout juste à s'attacher au fond de la casserole.

POUR 4 À 6 PERSONNES (SELON LE NOMBRE DE KÉMIAS SERVIES)

1 gros poivron vert
1 gros poivron rouge
1 gros poivron jaune
2,5 kg de tomates mûres
8 gousses d'ail (rose idéalement)
15 cl d'huile d'olive
2 cuillerées à soupe de paprika doux
¼ de cuillerée à café de piment de Cayenne
1 cuillerée à soupe de sucre semoule
2 cuillerées à soupe de vinaigre blanc
Sel, poivre du moulin

Préchauffez le four à sa température maximum. Déposez les poivrons sur la plaque du four recouverte d'une feuille de papier sulfurisé. Faites-les cuire pendant 20 minutes environ, jusqu'à ce que la peau noircisse (mais pas la chair).

Déposez les poivrons dans une passoire posée sur un saladier. Faites rapidement couler de l'eau froide et laissez-les tiédir. Retirez la peau à l'aide d'un couteau. Coupez la chair en fines lamelles.

Épluchez les tomates, puis coupez-les en dés. Ôtez l'excédent de jus. Épluchez 3 gousses d'ail et écrasez-les. Laissez les 5 autres en chemise.

Dans une cocotte, faites chauffer l'huile. Ajoutez le paprika, le piment de Cayenne, le sucre, le sel, le poivre, le vinaigre, les tomates, les poivrons et l'ail. Mélangez bien avec deux spatules.

Lorsque la préparation est à ébullition, baissez à feu moyen. Laissez cuire pendant 2 à 3 heures, en remuant de temps en temps. Se déguste aussi bien chaud, que tiède ou à température ambiante.

Poivrons
MARINÉS À L'HUILE D'OLIVE

Comme le dit Perla : « Au Maroc, difficile d'échapper à cette entrée. » Celle-ci est simplissime, il faut juste penser à la préparer la veille.

POUR 4 À 6 PERSONNES (SELON LE NOMBRE DE KÉMIAS SERVIES)

500 g de poivrons rouges
500 g de poivrons jaunes
2 gousses d'ail
4 cuillerées à soupe d'huile d'olive
1 citron
Sel, poivre du moulin

Faites griller les poivrons sous le gril du four pendant 15 minutes environ en les retournant à mi-cuisson dès qu'ils tirent vers le noir.

À la sortie du four, épluchez-les après les avoir passés sous l'eau froide. Ôtez les pépins et taillez-les en lamelles.

Épluchez les gousses d'ail et hachez-les. Dressez les lamelles de poivron dans un plat, en alternant joliment les couleurs et en ajoutant l'ail haché entre les couches.

Assaisonnez le tout d'huile d'olive, de jus de citron, de sel et de poivre. Dégustez à température ambiante.

Salade cuite
DE POIVRONS

Une kémia incontournable des tables de shabbat. Chaque personne a sa recette de famille, et certaines ajoutent leur touche personnelle. Alice nous en délivre sa version. La clef du succès, selon elle ? Ajoutez une cuillerée à café de sucre roux en fin de cuisson pour caraméliser.

POUR 4 À 6 PERSONNES (SELON LE NOMBRE DE KÉMIAS SERVIES)

5 poivrons rouges
3 gousses d'ail
1 cuillerée à café de piment doux
2 cuillerées à soupe d'huile de tournesol
4 tomates fraîches
ou 1 grosse boîte de pulpe de tomate
1 cuillerée à café de sucre
Sel

Après en avoir ôté le centre, déposez les poivrons coupés en quatre sur une plaque recouverte de papier sulfurisé. Faites-les cuire sous le gril du four pendant 30 minutes environ, jusqu'à ce que la peau devienne noire.

Mettez-les dans un sac plastique (ou un tupperware) et fermez hermétiquement. Laissez reposer pendant 30 minutes environ, puis ouvrez le sac et pelez les poivrons. Ne les passez pas sous l'eau pour garder le maximum de saveurs.

Dans un faitout ou une poêle à fond épais, faites revenir l'ail ciselé à feu vif avec le piment dans de l'huile de tournesol.

Ajoutez les tomates en dés (ou la pulpe de tomate, selon les saisons). Remuez bien et faites cuire à découvert, toujours à feu vif, pendant 5 minutes.

Pendant ce temps, coupez les poivrons très finement (ou en lamelles plus grandes, selon votre goût) et ajoutez-les aux tomates. Faites cuire pendant 15 minutes, en mélangeant régulièrement avec une cuillère en bois.

Baissez le feu, couvrez et laissez cuire pendant 1 heure environ. Ajoutez un peu d'huile afin que les légumes n'accrochent pas. Mélangez régulièrement avec une cuillère en bois, en grattant le fond.

5 minutes avant la fin de la cuisson, ajoutez le sucre et mélangez. Salez. Rectifiez l'assaisonnement.

Cette salade se sert froide et se conserve aisément au réfrigérateur pour le déjeuner du samedi midi.

Magbouba

Cette recette typiquement tunisienne est généralement dégustée bien piquante. À vous de la doser comme vous l'aimez, surtout si vous avez des enfants à table.

POUR 4 À 6 PERSONNES (SELON LE NOMBRE DE KÉMIAS SERVIES)

2 poivrons rouges
1 poivron vert
6 tomates
2 piments verts
3 gousses d'ail
1 filet d'huile d'olive
Sel, poivre

Enveloppez les poivrons entiers dans du papier d'aluminium. Faites-les cuire au four à 200 °C pendant 20 à 30 minutes environ, jusqu'à ce que leur peau ait noirci et se retire facilement. Pendant ce temps, mondez les tomates : faites une croix sur la peau de chacune d'elles, puis plongez-les dans une casserole d'eau bouillante pendant 20 à 30 secondes, le temps que la peau commence à se détacher. Égouttez-les, puis ôtez délicatement leur peau.

À la sortie du four, enfermez les poivrons dans un sac en plastique le temps qu'ils refroidissent. Ôtez ensuite leur peau et enlevez les pépins. Gardez le maximum de jus de cuisson pour renforcer le goût.

Rincez les piments, épépinez-les et coupez-les en petits morceaux.

Dans une casserole, mettez les poivrons et leur jus avec les tomates mondées. Ajoutez les gousses d'ail dégermées et coupées en petits morceaux, ainsi que les piments et l'huile. Assaisonnez. Faites cuire à l'étouffée à feu très doux pendant 2 heures minimum. Laissez refroidir, dégustez froid.

Pommes de terre

À LA HARISSA

Ces pommes de terre pimentées sont un des piliers des kémias tunisiennes. Il est possible d'opter pour une version sans harissa.

POUR 4 À 6 PERSONNES (SELON LE NOMBRE DE KÉMIAS SERVIES)

500 g de pommes de terre (BF15 ou Bintje)
2 cuillerées à soupe d'huile d'olive
1 citron
1 cuillerée à soupe rase de cumin en poudre
1 cuillerée à café de harissa
1 cébette (facultatif)
Sel

Lavez les pommes de terre, épluchez-les et faites-les cuire dans une casserole d'eau bouillante salée pendant 20 minutes environ.

Laissez refroidir les pommes de terre avant de les couper en rondelles.

Dans un saladier, mélangez l'huile d'olive, le jus de citron, le cumin, le sel et la harissa délayée dans un peu d'eau. Ajoutez les pommes de terre et mélangez bien. Décorez de cébette ciselée.

Minina

Un grand classique de la cuisine tunisienne, la *minina* est une sorte d'omelette ou de pain de poulet. Spécialité de ma tante Georgette, qui prépare pour les jours de fête une *minina* géante avec 18 œufs ! La *minina* se déguste froide.

POUR 4 À 6 PERSONNES (SELON LE NOMBRE DE KÉMIAS SERVIES)

10 œufs
2 blancs de poulet
1 carotte
2 branches de céleri
1 cuillerée à soupe de jus de citron
Huile d'olive (pour le moule)
Aneth (facultatif)
Sel, poivre

Faites cuire 2 œufs dans une casserole d'eau bouillante pendant 10 minutes environ jusqu'à ce qu'ils soient durs. Écalez-les et coupez-les en morceaux.

Préparez le bouillon : dans une casserole, mettez les blancs de poulet, la carotte et les branches de céleri coupés en morceaux. Mouillez à hauteur avec de l'eau. Laissez cuire à feu moyen pendant 30 minutes environ. Filtrez le bouillon et réservez le poulet pour la suite.

Préchauffez le four à 180 °C. Huilez un moule rond ou un moule à cake et mettez-le au four pendant quelques minutes pour le chauffer.

Dans un saladier, battez légèrement les 8 œufs restants, ajoutez les œufs durs, les blancs de poulet réduits en filaments. Assaisonnez de sel, poivre et jus de citron.

Versez la préparation dans le moule chaud et faites cuire au four pendant 25 minutes. Sortez le plat et arrosez la préparation avec 1 verre de bouillon de poulet. Faites cuire encore 15 minutes.

À la sortie du four, laissez refroidir la minina pendant 20 minutes environ. Coupez-la quand elle est tiède. Parsemez de quelques brins d'aneth pour décorer.

Fèves au cumin

Traditionnellement, on utilisait des fèves sèches qui devaient être réhydratées dans de l'eau froide toute une nuit avec une cuillerée de bicarbonate. Mais on vous conseille de miser sur des fèves fraîches ou surgelées qui rendront cette kémia encore meilleure. Les fèves sont également présentes dans le *seder* de Rosh Hashana.

POUR 4 À 6 PERSONNES (SELON LE NOMBRE DE KÉMIAS SERVIES)

1 cuillerée à soupe d'huile d'olive
2 gousses d'ail
300 g de fèves fraîches écossées
1 cuillerée à café de cumin en poudre
Sel

Dans une casserole, faites chauffer l'huile d'olive. Ajoutez l'ail haché et les fèves. Laissez revenir quelques instants.

Mouillez à hauteur avec de l'eau. Laissez cuire à feu doux pendant 15 minutes jusqu'à ce que les fèves soient tendres.

Égouttez les fèves, déposez-les dans un plat. Saupoudrez de cumin et salez.

Salade d'artichauts

EN DEUX FAÇONS

POUR 4 À 6 PERSONNES (SELON LE NOMBRE DE KÉMIAS SERVIES)

À la marocaine

La salade d'artichauts tient toujours une belle place parmi les kémias. En voici une version marocaine. Les jus de citron et d'orange la rendent particulièrement douce et acidulée en bouche. Pour gagner du temps, vous pouvez utiliser des fonds d'artichauts surgelés déjà prêts.

20 artichauts
8 oranges
2 citrons
5 cl d'huile d'olive
2 gousses d'ail
Sel, poivre

Coupez la queue des artichauts, ôtez les grosses feuilles vertes, puis à l'aide d'un couteau, tournez-les afin de récupérer leur cœur. Ôtez le foin. Dans une casserole, mettez les fonds d'artichauts coupés en quartiers. Ajoutez le jus des oranges, celui des citrons, l'huile d'olive, ainsi que les gousses d'ail dégermées et coupées en tout petits morceaux. Assaisonnez. Mettez à cuire à feu doux pendant 20 minutes environ. Laissez refroidir et dégustez froid.

À la tunisienne

Cette version-là est bien plus relevée, pimentée grâce à la harissa, que vous doserez selon vos goûts. Les Tunisiens étant friands de harissa, cette salade fait bien souvent partie de leurs kémias de shabbat.

20 artichauts
2 cuillerées à soupe de harissa
1 cuillerée à café de paprika doux
1 citron
1 cuillerée à café de concentré de tomate
1 gousse d'ail
Huile de pépins de raisin
Sel, poivre

Coupez la queue des artichauts, ôtez les grosses feuilles vertes, puis à l'aide d'un couteau, tournez-les afin de récupérer leur cœur. Ôtez le foin. Dans une casserole, mettez les fonds d'artichauts coupés en quartiers avec la harissa, le paprika, le jus du citron, le concentré de tomate, la gousse d'ail dégermée et coupée en tout petits morceaux et un trait d'huile de pépins de raisin. Mouillez à hauteur avec de l'eau. Laissez cuire pendant 20 minutes environ à feu moyen. Laissez refroidir et dégustez froid.

Bricks
AUX POMMES DE TERRE

Une kémia souvent préparée pour les fêtes, qui nécessite un peu de préparation pour le pliage en triangle. En dehors de shabbat, les bricks sont appréciées notamment par les Tunisiens lorsqu'elles sont garnies d'œuf, de thon, de pomme de terre cuite et de câpres, et relevées de harissa.

POUR 4 À 6 PERSONNES (SELON LE NOMBRE DE KÉMIAS SERVIES)

3 grosses pommes de terre
1 bouquet garni
4 brins de persil
1 œuf dur
+ 1 œuf pour lier la farce
Le jus de ½ citron
2 cuillerées à café de câpres bien rincées (facultatif)
12 feuilles de brick
Huile de friture
Sel, poivre du moulin

Faites cuire les pommes de terre épluchées dans une casserole d'eau bouillante salée avec le bouquet garni. Égouttez-les, puis écrasez-les avec une fourchette. Ajoutez le persil ciselé, l'œuf dur taillé en petits morceaux, le jus de citron et les câpres. Salez et poivrez.

Ajoutez l'autre œuf pour lier la farce. (Il est possible d'ajouter dans la farce du thon.) Façonnez les feuilles de brick selon le mode d'emploi indiqué sur le paquet. Déposez la farce au milieu du carré et repliez en triangle.

Faites frire à feu moyen dans un bain d'huile, maintenez les bords de la brick soudés à l'aide d'une fourchette. Les bricks sont prêtes quand elles sont dorées. Égouttez-les dans une passoire tapissée de papier absorbant.

Disposez-les sur un plat de service recouvert de papier absorbant. Salez avant de déguster.

Navets
À LA HARISSA

Cette simplissime salade de navets doit se préparer 12 heures à l'avance pour développer toutes ses saveurs. Elle a toujours sa place sur les tables du vendredi soir.

POUR 4 À 6 PERSONNES (SELON LE NOMBRE DE KÉMIAS SERVIES)

5 navets
Le jus de 1 orange amère (ou de 1 citron)
1 poivron rouge
1 cuillerée à café de harissa
1 cuillerée à café d'eau
1 branche de coriandre
Sel

Épluchez les navets en gardant la partie violette. Coupez-les en morceaux (ou en rondelles selon les goûts). Parsemez-les de sel et laissez-les dégorger pendant 1 heure environ.

Rincez-les et séchez-les. Déposez-les dans un plat. Arrosez-les de jus d'orange (ou de citron)

Épluchez le poivron. Ôtez les pépins et coupez-le en tout petits morceaux.

Diluez la harissa dans l'eau et versez-la sur les navets. Ajoutez la coriandre ciselée et les petits morceaux de poivron. Laissez reposer pendant 12 heures environ.

Ingrédients phares

Harissa

Pas de cuisine tunisienne sans harissa… elle y est totalement incontournable. Cette purée de piment rouge relevée d'épices telles que le cumin, le carvi et la coriandre, sans oublier une touche d'ail, se retrouve aussi beaucoup dans la cuisine orientale au sens large. Traditionnellement, chaque famille avait sa propre recette secrète transmise de mère en fille. C'est indubitablement la qualité des piments utilisés qui en fait la qualité finale.

Misez sur des harissas de très bonne qualité vendues dans les épiceries orientales. Celle utilisée dans les recettes de ce livre a été achetée chez *Izraël*, épicerie orientale iconique (page 308). Conservez-la au réfrigérateur arrosée d'huile d'olive et utilisez-la pour apporter du piquant à vos kémias, comme dans les navets ou les pommes de terre à la harissa (pages 82 et 73).

Caponata

Entre la fin du XIXe et le début du XXe siècle, il y eut une forte émigration juive de la Sicile vers la Tunisie. Cette délicieuse recette fait partie de cet héritage. Elle se déguste froide, surtout pour le déjeuner du samedi. Sorte de ratatouille, elle est idéale également pour accompagner des plats de viande ou de poisson.

POUR 4 À 6 PERSONNES (SELON LE NOMBRE DE KÉMIAS SERVIES)

1 poignée de câpres
1 oignon
3 aubergines
3 tomates
1 branche de céleri
1 gousse d'ail épluchée
1 poignée d'olives vertes dénoyautées
3 cuillerées à soupe de vinaigre de Xérès
Huile d'olive
Sel, poivre du moulin

Plongez les câpres dans un bol d'eau pendant 10 minutes pour les dessaler un peu. Épluchez l'oignon et émincez-le. Épluchez les aubergines, en gardant une bande de peau sur deux, puis coupez-les en dés. Coupez les tomates en quartiers. Rincez le céleri et coupez-le en tronçons.

Dans une marmite, faites chauffer un filet d'huile. Faites revenir quelques minutes l'ail haché et l'oignon. Ajoutez les aubergines, les tomates, le céleri, les câpres égouttées, les olives et le vinaigre.

Couvrez la marmite. Laissez cuire à feu doux, sans remuer, pendant 30 minutes environ, jusqu'à ce que les légumes soient fondants.

Ajlouk de courgettes

POTIRON & CAROTTES

Une recette simple : il suffit de cuire les légumes à l'eau bouillante ou à la vapeur, de les réduire en purée et de les faire mijoter à feu doux avec une pointe de harissa.

POUR 4 À 6 PERSONNES (SELON LE NOMBRE DE KÉMIAS SERVIES)

5 carottes
200 g de potiron
4 courgettes
6 cuillerées à soupe de vinaigre blanc (ou de jus de citron)
3 gousses d'ail
1 ½ cuillerée à café de harissa
Coriandre
Cumin en poudre
Graines de carvi (facultatif)
Huile d'olive
Sel

Épluchez (ou grattez) les carottes et coupez-les en morceaux. Faites-les cuire dans une casserole d'eau bouillante salée pendant 20 minutes environ. Laissez refroidir.

Répétez l'opération pour le potiron et les courgettes.

Passez séparément les carottes, le potiron et les courgettes au presse-légumes. Pour chacune des trois purées de légumes, faites chauffer dans une poêle un filet d'huile, 2 cuillerées à soupe de vinaigre, 1 gousse d'ail hachée, ½ cuillerée à café de harissa, 1 cuillerée à soupe de coriandre ciselée et quelques graines de carvi.

Laissez mijoter pendant 5 minutes environ, à feu très doux, le temps que les légumes s'imprègnent de ce mélange. Pour finir, ajoutez 1 cuillerée à café de cumin dans l'ajlouk de carottes.

Les betteraves
AUX OLIVES

Cette recette est celle d'Alice, fine cuisinière d'origine marocaine et mère de mon amie Nathalie. Elle trône tous les vendredis sur sa table de shabbat.

POUR 4 À 6 PERSONNES (SELON LE NOMBRE DE KÉMIAS SERVIES)

4 betteraves rouges cuites
1 gousse d'ail pelée et dégermée
1 piment rouge doux
1 cuillerée à soupe de cumin en poudre
½ verre de vinaigre blanc
1 poignée d'olives violettes
Huile d'olive
Sel, poivre du moulin

À l'aide d'un couteau, ôtez les parties abîmées des betteraves. Coupez les betteraves en lamelles et mettez-les dans un saladier.

Préparez la sauce : faites revenir un filet d'huile dans une poêle à feu moyen. Ajoutez l'ail haché et le piment coupé en morceaux. Assaisonnez et retirez du feu. Ajoutez le cumin en poudre et le vinaigre blanc. Mélangez bien. Filtrez la sauce à travers une passoire.

Versez la sauce sur les betteraves et ajoutez les olives.

Tarama, foies de volaille
HACHÉS À LA POLONAISE & ŒUFS DURS HACHÉS

POUR 4 À 6 PERSONNES

Un trio emblématique de la cuisine ashkénaze ! Florence Kahn, femme inspirante à la tête d'une boutique-traiteur rue des Rosiers à Paris (page 98) nous rappelle que le tarama se déguste en mémoire des Juifs de Salonique (Grèce). Cette ville abritait autrefois une large communauté de Juifs d'origine séfarade, jusqu'à la Seconde Guerre mondiale, qui entraîna la déportation d'une grande partie de la population.

Foies de volaille hachés à la polonaise

5 œufs durs entiers
185 g d'oignons
250 g de foies de volaille
Huile d'olive
Sel, poivre du moulin

Écalez les œufs durs, puis taillez-les en tout petits morceaux avec un couteau. Dans une poêle avec un filet d'huile, faites revenir les oignons émincés quelques minutes jusqu'à ce qu'ils soient dorés.

Ajoutez les foies de volaille coupés en morceaux. Laissez cuire pendant 10 minutes environ, puis hachez-les. Dans un saladier, mélangez le foie avec les œufs et les oignons. Mélangez doucement à la main pour ne pas écraser les ingrédients. Salez et poivrez.

Tarama

250 g d'œufs de cabillaud fumés
1 jaune d'œuf
30 cl d'huile de tournesol
Le jus de ½ citron
Sel

Ôtez la membrane entourant les œufs de cabillaud avec un couteau. Mettez les œufs dans un saladier. Ajoutez le jaune d'œuf et mixez le tout à l'aide d'un batteur électrique. Versez l'huile tout doucement comme pour une mayonnaise. Ajoutez le jus de citron, en continuant de battre. Rectifiez l'assaisonnement en sel.

Œufs durs hachés

5 œufs
1 oignon
Huile de tournesol
Sel, poivre du moulin

Dans une casserole d'eau bouillante salée, faites cuire les œufs pendant 10 minutes jusqu'à ce qu'ils soient durs. Écalez-les, puis laissez-les refroidir avant de les couper en petits morceaux.

Épluchez et coupez l'oignon finement. Mélangez les œufs et l'oignon, versez un filet d'huile. Salez et poivrez.

Gefilte fisch

DE FLORENCE KAHN

Le gefilte fisch est un plat mythique du shabbat des Ashkénazes. Florence Kahn nous dévoile la recette que sa mère préparait pour les fêtes de famille, et qui a bercé son enfance.

POUR 6 PERSONNES

2 carottes
800 g d'oignons
1 kg de poisson blanc (colin ou brochet)
12 g de sel
1 cuillerée à café de poivre
1 citron
4 œufs
300 g de leke'h réduit en poudre (voir ci-dessous)
Huile de pépins de raisin
Raifort rouge (ou blanc)

Pour le leke'h
4 œufs
125 g de sucre semoule
110 g de farine
25 g de beurre fondu
Zestes de 1 citron

Préparez le leke'h : dans un saladier, mélangez les jaunes d'œufs avec le sucre à l'aide d'un fouet. Ajoutez la farine, le beurre fondu et les zestes de citron râpés. Montez les blancs bien fermes. Ajoutez les blancs en neige dans le mélange précédent. Versez la pâte dans un moule beurré. Faites cuire au four à 180 °C pendant 30 minutes environ.

Faites cuire les carottes épluchées à l'eau bouillante pendant 20 minutes environ, puis écrasez-les pour les réduire en purée. Réservez quelques rondelles de carottes cuites pour le dressage.

Épluchez les oignons et hachez-les. Dans une poêle avec un filet d'huile, faites revenir la moitié des oignons quelques minutes.

Hachez le poisson à l'aide d'un bon couteau. Dans un saladier, mélangez le poisson haché avec le sel, le poivre, la purée de carottes, le zeste râpé d'un demi-citron, les oignons crus et les oignons revenus et refroidis.

Mélangez doucement, puis ajoutez progressivement les œufs entiers ainsi que le leke'h. Laissez reposer au frais pendant 1 heure environ.

Portez une grande casserole d'eau à ébullition avec le demi-citron restant.

Pendant ce temps, formez des boulettes de forme allongée et arrondies au bout, en passant la pâte d'une main à l'autre.

Une fois l'eau à ébullition, ajoutez les boulettes au fur et à mesure de leur réalisation. Laissez cuire à frémissement pendant 1 heure environ.

Sortez les boulettes à l'aide d'une écumoire, puis mettez-les dans un plat. Couvrez aussitôt. Servez-les décorées d'une rondelle de carotte.

Accompagnez le gefilte fisch de raifort rouge ou blanc.

Schmaltz herring

Le hareng, voilà l'ingrédient de base des tables ashkénazes. Florence Kahn nous dévoile sa recette traditionnelle, *halavi*, qu'elle tient de sa maman. À déguster avec une tranche de pain au cumin et quelques tranches de pomme verte.

POUR 4 À 6 PERSONNES

2 harengs marinés de la mer Baltique de 300 à 400 g environ
1 oignon
Eau
Lait

Dans un grand saladier, plongez les harengs rincés dans un mélange d'eau et de lait (moitié-moitié). Il doit y avoir suffisamment d'eau et de lait pour recouvrir les harengs. Laissez reposer entre 2 et 12 heures, afin de les dessaler. À vous d'adapter le temps de repos selon vos goûts.

Coupez la tête des harengs. Ôtez l'intérieur à l'aide d'un couteau. Réservez les œufs pour un autre usage.

Coupez la peau le long du dos des harengs, puis retirez-la en tirant vers vous avec la main. Aidez-vous du couteau. Partez de la tête pour aller vers la queue. Ôtez délicatement les arêtes.

Coupez la chair des harengs en deux pour obtenir 4 filets. Rincez-les sous un filet d'eau froide. Ôtez les arêtes restantes. Taillez les filets en petits tronçons. Coupez l'oignon épluché en lamelles. Placez-les sur les morceaux de hareng et dégustez.

Florence Kahn, l'âme de la rue des Rosiers

Il est des rencontres qui marquent. Celle avec Florence Kahn, femme inspirante, est de celles-là. Elle nous a accueillis à bras ouverts chez elle, sur sa terrasse cachée et joliment fleurie en plein cœur du Marais. Lorsque nous arrivons, elle s'affaire déjà en cuisine, préparant avec bienveillance et générosité, les plats traditionnels ashkénazes servis le vendredi soir. Alors que les *kneidlech* mijotent et que la table se dresse peu à peu, elle partage avec nous une foule d'anecdotes sur sa vie et son enfance.

La voilà d'ailleurs qui nous fait goûter ses célèbres « cornichons au tonneau ». « Il y a une seule récolte dans l'année, à la fin de l'été. Les cornichons sont alors frottés avec un torchon pour ôter leurs piquants, leurs aspérités. Ils sont mis dans un tonneau et mélangés avec de l'eau, des branches d'aneth, des graines de moutarde et du gros sel. Ils passeront ensuite toute l'année dans cette saumure, ce qui les rendra de plus en plus tendres et imprégnés de ce goût, nous raconte-t-elle. Moi, je les aime au moment de Rosh Hashana, ils sont alors frais et croquants en bouche. Après Pessah, je les trouve trop salés. » Ces cornichons sont incontournables sur les tables ashkénazes pour accompagner la charcuterie, bien sûr, et notamment le *pastrami*, mais aussi les poissons au four, les boulettes, les plats corsés à base de viande.

Plus que des souvenirs de shabbat, Florence Kahn se rappelle surtout les menus pour les fêtes. « Je ne viens pas d'une famille religieuse, mais traditionnaliste. Lorsque nous avions un repas de famille, il ne fallait jamais être fâché, tout le monde se réconciliait pour l'occasion. » Les jours de fête, la cuisine de l'appartement où elle a grandi dans le 20ᵉ arrondissement embaumait le poisson cuisant au court-bouillon, les oignons frits. « Des odeurs envoûtantes de l'enfance. J'ai toujours aimé être dans la cuisine, mes papilles se sont développées à ce moment-là. » Elle se souvient aussi de l'appareil doté d'une manivelle qui servait à hacher la chair du poisson pour le *gefilte fisch*. Cette dernière était ensuite mélangée avec des oignons frais, du sel, du poivre, des œufs et du *leke'h*, gâteau traditionnel polonais préparé pour Pessah.

« Quand j'étais petite, je ne connaissais que le sel, le poivre, la cannelle et les clous de girofle ; en somme, les bases de la cuisine ashkénaze. C'est en rejoignant le mouvement des jeunes juifs sionistes que j'ai découvert la richesse de la cuisine juive tunisienne avec ses épices, sa harissa… », raconte-t-elle.

Votre
Traiteur
de la
GASTRONOMIE YIDDISH
EUROPE CENTRALE & RUSS

Sacher Torte
Lekeh
Houmentachn
Brownie
Strudel Pavot
N.Y Beigels
Beigels & Pletzels
Pain au Cumin
Pain au Pavot
Pain Razowy
SÉCURISÉ PAR
oveo
0825 811 810

Tandis qu'elle nous nourrit d'une foule d'histoires, démarre son menu de shabbat. Sur la table, nous découvrons un assortiment de charcuteries – *pastrami*, dinde au paprika, gendarme, saucisson à la graisse d'oie, – de grands piliers de la cuisine yiddish. Florence évoque le *schmaltz herring* (page 96).

« Une fête sans hareng n'est pas une fête », nous glisse-t-elle dans un sourire. « Si on ne devait garder qu'un seul ingrédient de la cuisine ashkénaze, je dirais que c'est le hareng gras. Il est pêché dans la mer Baltique et mis entier et non vidé en saumure, dans de l'eau de mer avec du sel en plus. »

La tradition veut que les harengs soient dégustés avec des rondelles d'oignon frais. Lorsqu'ils sont trop salés, il est recommandé de les plonger dans un mélange d'eau et de lait qui permet d'ôter l'agressivité saline. En bouche, le résultat est à la fois moelleux et fondant, une merveille de simplicité.

Le hareng peut aussi être servi mariné dans un mélange de vin blanc, vinaigre, poivre, sucre et griottes, qu'on trouvait facilement en Pologne. Il est alors taillé en tout petits morceaux.

C'est en puisant dans tous ces souvenirs que Florence Kahn a décidé de reprendre une boutique au coin de la rue des Rosiers et de la rue des Écouffes en 1988, devenue depuis une institution à Paris. Parfois appelée « la boutique bleue de la rue », cette adresse est à la fois une boulangerie et un traiteur yiddish.

Aujourd'hui, habitués et touristes du monde entier se ruent ici pour « une odeur, un goût, une ambiance, des gens, quelques mots de yiddish », comme elle le décrit elle-même. Elle nous raconte que certains clients y viennent en disant *just smelling*, souhaitant juste sentir ces odeurs uniques mariant gâteaux, *hallot*, charcuteries...

Il y aurait tant à dire sur Florence Kahn, légende de la cuisine ashkénaze, notamment qu'elle a fait l'armée en Israël quand elle avait 18 ans. Mais on restera sur ces mots qu'elle nous lâche en nous quittant :

« J'ai passé ma vie avec un grand verre d'optimisme qui ne se vide jamais. »

Une belle philosophie de vie, une générosité que l'on retrouve dans chacune de ses recettes.

Latkes

C'est une recette ashkénaze que l'on prépare pour Hanoucca. Ces galettes se dégustent parfois avec de la crème (si le dîner est sans viande) ou de la compote de pommes.

POUR 4 À 6 PERSONNES

3 grosses pommes de terre
1 petit oignon
2 œufs
2 cuillerées à soupe de farine
Huile de friture
Sel

Épluchez les pommes de terre et râpez-les. Mettez-les dans un torchon pour les essorer et ôtez le maximum d'eau.

Dans un saladier, mettez les pommes de terre râpées, ainsi que l'oignon haché, les œufs battus et la farine.

Dans une sauteuse, faites chauffer un petit verre d'huile de friture. Formez de petites galettes de pomme de terre avec vos mains, puis aplatissez-les légèrement. Glissez-les dans l'huile à l'aide d'une cuillère et d'une spatule.

Faites-les dorer des deux côtés quelques minutes. Égouttez-les sur un papier absorbant en sortie de cuisson. Salez et dégustez chauds.

Matzo balls & kreplech

DE FLORENCE KAHN

Les *matzo balls*, aussi appelées *kneidleh*, sont incontournables dans la cuisine ashkénaze. Ces boulettes à base de farine de *matsa* et œufs battus sont traditionnellement servies dans un bouillon de volaille et sont notamment dégustées lorsque shabbat tombe au moment de Pessah. Quant aux *kreplech*, ce sont des sortes de raviolis, servis traditionnellement le dernier jour de fêtes dans un bouillon de poulet et légumes.

POUR 4 PERSONNES

Pour les matzo balls
300 g de farine de *matsa*
4 œufs
1 l de bouillon de volaille (ou d'eau)
Eau gazeuse
Huile

Pour les kreplech
150 g de bœuf haché
½ oignon
150 g de farine
1 petit œuf
3 ½ cuillerées à soupe d'eau
Farine (pour le plan de travail)
Sel, poivre du moulin

Dans un saladier, battez les œufs avec une fourchette. Ajoutez progressivement la farine de *matsa*, puis un filet d'eau gazeuse et continuez à mélanger. Faites chauffer le bouillon de volaille.

Huilez vos mains, puis formez des boulettes avec la pâte à *matsa*, de la taille d'une noix environ. Ajoutez-les dans le bouillon à ébullition.

Quand les boulettes remontent à la surface, comptez 3 minutes de cuisson. Égouttez-les, puis disposez-les dans un plat. Couvrez immédiatement le plat de film transparent.

Pour la farce, mélangez le bœuf haché et l'oignon finement coupé. Assaisonnez.

Pour la pâte à *kreplech*, mélangez la farine, l'œuf et l'eau dans la cuve d'un batteur muni du fouet jusqu'à l'obtention d'une pâte souple et élastique.

Sur le plan de travail fariné, étalez finement la pâte avec un rouleau à pâtisserie (2 mm d'épaisseur). Coupez des carrés de 5 cm et mettez un peu de farce au centre. Pliez les *kreplech* en deux de façon à former un triangle. Faites un anneau en joignant les deux pointes. Soudez bien les bords. Réservez-les, la pointe vers le haut.

Portez une casserole d'eau à ébullition et plongez les *kreplech*. Faites-les cuire pendant 1 minute jusqu'à ce qu'ils remontent à la surface. Ôtez-les de la casserole à l'aide d'une cuillère.

Servez avec un bouillon de poulet et de légumes (carottes, navets, poireaux, céleri-branche).

Le bouillon magique

LA « PÉNICILLINE JUIVE »

Le bouillon de poulet fait partie des grands classiques de la cuisine juive. On le surnomme « la pénicilline juive » car toute mère juive qui se respecte l'impose comme remède miracle à tout début de rhume, voire en cure préventive. Dans ma famille, il est presque impossible d'échapper à un bol de ce bouillon, automne comme hiver. On le boit sans rien, ni légumes, ni poulet, un peu comme une potion magique. Cette recette peut aussi être utilisée pour arroser un couscous ou déguster les *matzo balls* et les *kreplech* (page 109).

POUR 4 À 6 PERSONNES

3 poireaux
1 bâton de cannelle
1 brin de thym
1 brin de romarin
1 feuille de laurier
2 anis étoilés (badiane)
1 petit morceau de gingembre frais
2 ailes de poulet
1 cuisse de poulet
1 carcasse de poulet
1 navet
3 branches de céleri
3 carottes
1 courgette
6 verres d'eau
Huile d'olive
Sel

Préparez 2 bouquets garnis. Dans une large bande d'un des poireaux, mettez la cannelle, le thym, le romarin. Ficelez le tout. Dans une seconde bande de poireau, mettez le laurier, l'anis et le gingembre épluché. Ficelez également.

Portez à ébullition une grande marmite d'eau. Plongez les morceaux de poulet, laissez cuire pendant 10 minutes environ, égouttez le poulet et jetez l'eau.

Dans la même marmite, faites chauffer un filet d'huile d'olive. Placez le poulet, mélangez bien, ajoutez les poireaux émincés, les 2 bouquets garnis, le navet taillé en 4 bandes, les carottes, la courgette et le céleri coupés en morceaux, salez. Versez l'eau et laissez cuire à feu moyen pendant 30 minutes environ. Égouttez les légumes et dégustez le bouillon bien chaud.

Bakhsh

Ce plat traditionnel des Juifs de Boukhara nous a été transmis par la mère de mon amie Orit, Miriam Cohen Suleyman. Cette femme italo-israélienne d'origine afghane aime préparer ce riz à la viande et herbes ciselées pour sa famille. La recette a été traduite de l'hébreu par Liran Tal, chef israélien et ami, que nous remercions au passage.

POUR 4 PERSONNES

18 cl d'huile d'olive
2 oignons
700 g d'agneau haché (ou de bœuf)
2 bottes de coriandre
2 bottes d'aneth
1 botte de persil plat
3 verres de riz basmati rincé et égoutté
Curcuma en poudre
Sel, poivre du moulin

Dans une casserole, faites chauffer l'huile à feu moyen. Ajoutez les oignons ciselés et faites-les revenir quelques minutes jusqu'à ce qu'ils deviennent translucides. Ajoutez l'agneau haché, émiettez-le bien avec une fourchette et laissez cuire 15 minutes en mélangeant. Assaisonnez de sel, poivre et curcuma. Hachez finement les herbes et ajoutez-les à la préparation. Mélangez bien. Faites cuire pendant 15 minutes.

Incorporez le riz dans la casserole contenant l'agneau et les herbes. Mélangez bien, puis mouillez à hauteur avec de l'eau bouillante (2 cm environ au-dessus de la hauteur du riz). Portez à ébullition sur feu vif, puis baissez le feu et laissez cuire à couvert pendant 10 minutes environ.

Mélangez encore et laissez reposer hors du feu, à couvert.

Le poisson malin

CHRAÏMI

Cette recette se rapproche du Spicy fish à la marocaine (page 121), mais est moins piquante. C'est une spécialité tunisienne et un grand classique dans ma famille.

POUR 6 PERSONNES

8 darnes de lieu jaune
(ou de mérou, thon, saumon…)
1 citron
3 grosses tomates
4 poivrons rouges
5 gousses d'ail
3 cuillerées à soupe de concentré de tomate
1 cuillerée à soupe de paprika en poudre
½ bouquet de coriandre
½ bouquet de persil plat
Huile d'olive
Sel, poivre du moulin

Arrosez les darnes de jus de citron. Assaisonnez-les et laissez-les mariner au frais pendant 20 minutes environ.

Mondez les tomates : incisez-les en forme de croix avec un couteau, puis plongez-les quelques secondes dans une casserole d'eau bouillante. Ôtez leur peau délicatement, coupez-les en morceaux, puis épépinez-les.

Lavez, épépinez les poivrons et coupez-les en morceaux.

Dans une casserole, faites chauffer un filet d'huile, ajoutez les poivrons, les gousses d'ail épluchées et les tomates. Laissez revenir quelques instants, puis versez un fond d'eau.

Laissez cuire pour faire évaporer quasiment tout le liquide. Passez au mixeur pour obtenir un coulis de poivron.

Dans une marmite, faites chauffer un filet d'huile à feu moyen. Ajoutez le concentré de tomate, puis le coulis de poivron et le paprika. Laissez mijoter pendant 8 minutes environ, remuez régulièrement.

Ajoutez le poisson dans cette sauce, couvrez et laissez frémir. Retournez le poisson, couvrez à nouveau, puis laissez-le cuire pendant 10 minutes environ.

Rincez la coriandre et le persil et ciselez-les. Mettez le poisson et la sauce dans un plat de service. Parsemez de fines herbes.

Le *chraïmi* se sert forcément dans un grand plat au milieu de la table et avec une généreuse part de *hallah* !

Boulettes de poisson divines

DE PERLA

La légèreté de ces boulettes et leur mélange de saveurs font de cette recette parfaite un plat de poisson idéal. Même les enfants adorent !

POUR 6 À 8 PERSONNES

1 kg de poisson blanc (merlu, colin, flétan ou merlan)
1 bouquet de persil plat
2 bouquets de coriandre
2 oignons blancs
7 gousses d'ail
2 cuillerées à café de curcuma en poudre
1 cuillerée à café de gingembre en poudre
1 œuf
3 cuillerées à soupe de chapelure
1 pincée de flocons de piment fort
2 poivrons rouges
1 bocal de pois chiches de 1 kg
500 g de tomates
10 cl d'eau
Huile d'olive
Sel, poivre blanc

Ôtez les arêtes des poissons et taillez-les en cubes. Rincez le persil plat et la coriandre, séchez-les.

Dans le bol du robot, équipé de la lame hachoir, mettez 1 oignon épluché et coupé en quatre, 1 gousse d'ail épluchée, 1 bouquet de coriandre, le persil ainsi que le poisson. Assaisonnez de sel et de poivre. Ajoutez 1 cuillerée à café de curcuma, le gingembre, l'œuf, la chapelure et 2 cuillerées à soupe d'huile d'olive.

Hachez le tout et mélangez bien afin d'obtenir une farce homogène et joliment verte.

Dans une sauteuse, versez 3 cuillerées à soupe d'huile d'olive. Ajoutez les 6 gousses d'ail restantes en chemise, 1 cuillerée à café de curcuma, les flocons de piment, l'oignon restant épluché et taillé en lamelles, les poivrons taillés en cubes, ainsi que les pois chiches égouttés. Assaisonnez.

Faites revenir le tout à feu vif en remuant avec deux spatules. Ajoutez les tomates en cubes. Remuez, baissez le feu, couvrez et laissez cuire 15 minutes à feu moyen. Versez l'eau, puis ajoutez l'autre bouquet de coriandre finement ciselé.

Versez de l'huile d'olive dans un petit bol. Enduisez-en vos mains avant de façonner chaque boulette pour que le poisson ne colle pas. Formez des boulettes de 2 cm de diamètre maximum. Glissez-les une à une délicatement dans la sauteuse.

Augmentez un peu le feu, couvrez la sauteuse et laissez cuire pendant 15 minutes environ. Si cela déborde, baissez le feu.

Rascasse
AU PIMENT

Chez Alice, le poisson est servi avant la viande et après les kémias. Cette recette peut évidemment être préparée avec d'autres poissons cacher (page 29).

POUR 6 PERSONNES

3 piments rouges secs
5 gousses d'ail
½ botte de coriandre
½ poivron rouge
½ poivron vert
2 à 3 cuillerées à café de piment doux
1 petite boîte de concentré de tomate
2 tranches de citron confit
8 petites darnes de rascasse
Huile de tournesol
Sel, poivre

Dans un bol avec de l'eau, faites réhydrater les piments secs pendant 20 minutes environ.

Dans une marmite, faites chauffer un fond d'huile. Ajoutez l'ail haché et la coriandre ciselée, les piments et les poivrons taillés en lamelles.

Ajoutez le piment en poudre ainsi que le concentré de tomate. Versez un filet d'eau. Laissez mijoter quelques minutes à feu moyen.

Ajoutez les tranches de citron confit, puis le poisson rincé (et séché dans du papier absorbant). Laissez-le cuire quelques minutes d'un côté, puis de l'autre à feu vif. Assaisonnez.

Baissez le feu, faites réduire la sauce, et poursuivez la cuisson du poisson pendant 15 minutes environ.

Spicy fish
À LA MAROCAINE

Un plat savoureux et épicé à base de truite saumonée, qui peut évidemment se préparer avec le poisson de votre choix.

POUR 4 PERSONNES

4 gousses d'ail
2 piments verts (ou 1 seul pour minimiser le piquant)
1 cuillerée à soupe de paprika en poudre
1 gros poivron
2 cuillerées à soupe de pulpe de tomate
100 g de pois chiches en conserve égouttés
4 pavés de truite saumonée (ou saumon, maigre, mérou...)
Huile d'olive
Sel, poivre

Dans une casserole, faites chauffer un filet d'huile à feu moyen avec l'ail et les piments entiers. Ajoutez le paprika, remuez pour éviter qu'il ne brûle. Assaisonnez.

Ajoutez le poivron taillé en lamelles de 1 cm environ, puis laissez cuire un petit peu en mélangeant.

Versez la pulpe de tomate et un peu d'huile. Ajoutez les pois chiches. Couvrez et laissez mijoter pendant 15 minutes environ pour que le poivron cuise.

Augmentez le feu, déposez le poisson côté chair dans la casserole. Laissez quelques instants ainsi, puis éteignez le feu. Laissez reposer 30 minutes environ à couvert.

Le couscous aux légumes
DE PERLA

Sûrement un des meilleurs couscous qui existent ! Perla nous dévoile les secrets de cette recette qu'elle cuisine régulièrement et qu'elle sert avec un confit de raisons secs et oignons (page 124).

POUR 10 PERSONNES

1 kg de semoule moyenne
2 cuillerées à soupe de sucre semoule
2 cuillerées à café de curcuma en poudre
2 l d'eau
10 carottes
10 petites courgettes bien fermes
1 patate douce
1 kg de potiron
1 petit céleri boule
1 petit chou blanc (facultatif)
2 fenouils
6 navets, dorés idéalement (facultatif)
2 beaux oignons
1 bouquet de coriandre
1 grand bocal de pois chiches
Huile neutre (pépins de raisin ou arachide)
Sel, poivre blanc du moulin

Dans un grand saladier, versez la semoule avec 1 cuillerée à soupe de sel, le sucre, une demi-cuillerée à café de curcuma et un quart de cuillerée à café de poivre blanc. Remuez à sec avec une grande fourchette de service, puis versez 4 cuillerées à soupe d'huile. Remuez encore.

Dans une grande cocotte, portez à ébullition l'eau avec le reste de curcuma, du sel et du poivre blanc.

Épluchez et lavez les légumes. Coupez les carottes, les courgettes et la patate douce en tronçons de 5 cm. Taillez le potiron, le céleri et le chou en 6 tranches épaisses chacun. Coupez les fenouils, les navets et les oignons en deux. Ciselez la coriandre.

Mettez tous ces légumes, sauf les courgettes, dans la cocotte d'eau bouillante avec la coriandre. Portez à nouveau à ébullition, puis baissez le feu. Au bout de 10 minutes, ajoutez les courgettes pour 10 minutes de cuisson. Vérifiez la cuisson et arrêtez le feu.

Versez ce qu'il faut de bouillon de légumes sur la semoule afin de la recouvrir. Ne mélangez pas. Recouvrez le saladier d'un torchon et laissez reposer pendant 15 minutes.

Quand la semoule a absorbé tout le bouillon, ajoutez 4 cuillerées à soupe d'huile, puis remuez la semoule avec une fourchette pour soulever la masse sans écraser les grains. Mélangez ensuite avec les doigts, toujours sans écraser la semoule. Elle va doubler de volume.

Avant de servir, ajoutez 2 louches de bouillon sur la semoule et, si nécessaire, passez au four à micro-ondes, puissance maximale, 5 minutes. Remuez délicatement à la fourchette en versant 1 cuillerée à soupe d'huile. C'est prêt !

Servez la semoule dans le saladier. Déposez quelques légumes dessus, le reste des légumes dans un grand plat, et le bouillon en soupière. Rectifiez l'assaisonnement en sel et poivre. Servez les pois chiches dans un bol, après les avoir rincés de leur eau, arrosés d'un peu de bouillon et chauffés au micro-ondes.

Raisins secs et oignons servis avec le couscous

« Ce confit est la signature de mon couscous. Il se prépare avant le couscous, même la veille, et se sert chaud dans un plat. »

1,5 kg d'oignons blancs
4 cuillerées à soupe d'huile neutre
1 cuillerée à soupe de cannelle en poudre
1 cuillérée à soupe de gingembre en poudre
800 g de raisins secs
Sel, poivre du moulin

Épluchez les oignons et taillez-les en fines lamelles. Mettez-les dans une casserole avec l'huile et les épices. Salez et poivrez. Faites caraméliser à feu vif en remuant sans cesse avec deux spatules. Baissez le feu, couvrez et laissez mijoter à feu doux pendant 30 minutes environ. Ajoutez les raisins secs et laissez à nouveau mijoter pendant 15 minutes.

La loubia
ALGÉRIENNE

Fabienne Cohen-Salmon, directrice de la programmation du Festival des Cultures juives, vous dévoile sa recette de *loubia*. Ce plat réconfortant à base de haricots blancs est un grand classique des dîners de shabbat et varie selon l'origine nord-africaine. Fabienne la sert traditionnellement avec de la semoule.

POUR 4 À 6 PERSONNES

2 verres de haricots lingots blancs
1 kg de jarret de bœuf
1 ou 2 morceaux de pied de bœuf
4 œufs
8 petites pommes de terre
1 tête d'ail
2 cuillerées à soupe d'huile d'olive
1 cuillerée à soupe de poivre rouge
1 cuillerée à café de sel
1 cuillerée à café de curcuma en poudre
2 pruneaux
ou 2 grosses dattes (pour dorer)
Huile d'olive (pour colorer la viande)
Poivre du moulin

La veille, mettez les haricots blancs à tremper dans un saladier d'eau froide.

Le jour même, taillez la viande en morceaux. Faites-la revenir à feu moyen quelques minutes dans une cocotte avec un filet d'huile pour la colorer.

Faites cuire les œufs dans une casserole d'eau bouillante jusqu'à ce qu'ils soient durs : comptez 9 minutes.

Dans une cocotte-minute, mettez les haricots égouttés au fond, ajoutez la viande colorée par-dessus, puis les pommes de terre épluchées et enfin le reste des ingrédients. Assaisonnez.

Mouillez d'eau à mi-hauteur. Fermez la cocotte. Faites cuire à feu vif. Quand la cocotte siffle, baissez le feu et laissez cuire à feu doux pendant 45 minutes environ. 10 minutes avant la fin de la cuisson, ajoutez les œufs durs écalés.

Ouvrez la cocotte et laissez réduire à feu doux jusqu'à l'obtention d'une consistance de soupe.

Dafina

Dafina (ou _tefina_) veut dire « à l'étouffée », car ce plat se cuisine le vendredi et mijote toute la nuit pour se déguster le samedi au déjeuner. Spécialité marocaine, c'est le péché mignon de tous ceux qui y ont goûté. À tel point que certaines familles ne précisent même plus « on se retrouve samedi midi », mais « on se retrouve pour la _daf_ ». Cette recette a été donnée par Eva.

POUR 6 À 8 PERSONNES

300 g de pois chiches
1 pincée de bicarbonate de soude
250 g de blé
2 cuillerées à café de paprika en poudre
2 cuillerées à café de curcuma en poudre
2 cuillerées à café de marakof (bouillon instantané de poulet)
1 tête d'ail entière
1 kg de joue et de jarret de bœuf
1 pied de bœuf
1 os à moelle (facultatif)
1 oignon
1 dose de Spigol® (mélange d'épices au safran)
1 cuillerée à soupe de sirop de dattes (ou de miel)
250 g de riz
Huile d'olive
Sel, poivre du moulin

La veille, mettez les pois chiches à tremper dans un saladier d'eau froide avec une pincée de bicarbonate.

Le jour même, dans un saladier, mélangez le blé avec du sel, du poivre, 1 cuillerée à café de paprika, 1 cuillerée à café de curcuma, 1 cuillerée à café de marakof et un filet d'huile.

Dans une grande marmite, mettez les pois chiches, la tête d'ail entière, la viande en morceaux, le pied de bœuf, l'os à moelle et l'oignon épluché et finement coupé.

Faites dorer à feu vif tous ces ingrédients en même temps avec 1 petit verre d'huile. Ajoutez 1 cuillerée à café de paprika, 1 cuillerée à café de curcuma, 1 cuillerée à café de marakof, le Spigol® et du sel.

Ajoutez le sirop de dattes, puis le riz. Placez le blé avec les épices dans des gazes superposées et posez le tout par-dessus les autres ingrédients. Mouillez à mi-hauteur du riz et du blé.

Portez à ébullition et laissez cuire à feu moyen pendant 15 minutes environ.

Baissez le feu, couvrez la marmite et laissez confire toute la nuit à feu très doux. Traditionnellement, une couverture est placée sur la marmite pour que la viande soit parfaitement confite.

Tbir

CONFIT D'OIGNONS À LA VIANDE

Cette merveilleuse recette algérienne aux saveurs sucrées-salées est appelée le « plat de la fiancée », car elle est souvent préparée la veille d'un mariage ou pour le shabbat qui suit la cérémonie. Elle est particulièrement longue à cuire, il faut bien compter… deux jours ! Il est dit que le *tbir* est prêt quand on ne distingue plus les oignons de la viande.

POUR 12 PERSONNES ENVIRON

1 kg d'oignons blancs
800 g d'oignons jaunes
200 g d'oignons rouges
1 kg de viande de bœuf à cuire (par exemple 500 g de macreuse et 500 g de bourguignon)
2 cuillerées à soupe d'huile de pépins de raisin (ou une autre huile neutre)
2 grosses poignées de raisins secs blonds
1 morceau de sucre roux
Sel, poivre

Épluchez les trois variétés d'oignons et taillez-les finement.

Dans un faitout, mettez la viande coupée en morceaux ainsi que les oignons. Assaisonnez. Ajoutez l'huile, les raisins et le sucre. Mouillez à hauteur avec de l'eau. Laissez mijoter à feu très doux pendant 48 heures à couvert. Dès que l'eau a disparu, mouillez de nouveau à hauteur avec de l'eau.

Répétez cette opération tout au long de la cuisson. Remuez régulièrement.

Pkaïla

Voici une recette traditionnelle tunisienne, à base d'épinards frits. Chaque famille a sa propre recette et son petit secret. Il est d'usage de dire que la *pkaïla* est toujours meilleure le lendemain. Pour aller plus vite, vous pouvez acheter un pot d'extrait de *pkaïla* dans une épicerie cacher. La *pkaïla* se sert sur un lit de semoule.

POUR 4 PERSONNES

2 belles poignées de
gros haricots blancs lingots
1 pincée de bicarbonate de soude
1,5 kg d'épinards surgelés
50 cl d'huile d'olive
1 gros oignon
600 g de jarret de bœuf
1 cuillerée à café de harissa
3 gousses d'ail
2 bottes de coriandre
10 feuilles de menthe
Sel, poivre du moulin

La veille, mettez les haricots à tremper dans un saladier d'eau froide avec une pincée de bicarbonate de soude pendant 12 heures environ.

Préparez aussi l'extrait de *pkaïla* : dans une poêle, mettez les épinards surgelés. Laissez-les revenir quelques minutes pour que l'eau s'évapore. Versez l'huile. Remuez constamment. Laissez mijoter à feu très doux pendant 7 à 8 heures. Ajoutez l'huile restante au fur et à mesure. Remuez très fréquemment. Les épinards sont prêts quand ils sont secs, cassants, de couleur quasi noire. Il doit rester l'équivalent d'un petit bol.

Vous pouvez les préparer à l'avance. Conservez cet extrait de *pkaïla* dans un bocal couvert d'huile.

Le jour même, dans une casserole haute, faites revenir l'oignon ciselé avec un filet d'huile. Laissez caraméliser. Ajoutez la viande coupée en morceaux et faites-la revenir sur toutes les faces à feu vif. Ajoutez l'extrait de *pkaïla*. (Comptez 1 cuillerée à soupe pleine par personne). Laissez revenir la viande jusqu'à ce qu'elle prenne la couleur verte. Mouillez d'eau à hauteur. Ajoutez les haricots blancs, la harissa, les gousses d'ail entières pelées et les feuilles de coriandre. Assaisonnez.

Laissez cuire à feu doux pendant 3 heures minimum. On peut même laisser la *pkaïla* toute la nuit sur le feu, plus elle cuira, meilleure elle sera. S'il y a un peu trop d'eau dans la casserole, ôtez le couvercle et laissez un peu réduire. La *pkaïla* est prête quand elle a la consistance d'un confit et que la viande est moelleuse.

Rectifiez l'assaisonnement. Ajoutez la menthe et servez chaud avec de la semoule.

Boulettes
DE SHABBAT

La passion de la cuisine juive pour les boulettes est légendaire. Celles-ci se marient avec un couscous aux légumes et un bouillon le vendredi soir, surtout les jours de fête. Cette version est celle de ma mère qui nécessite un peu de patience.

POUR 6 PERSONNES

5 pommes de terre
2 oignons
1 bouquet de persil plat
½ bouquet de coriandre
400 g de viande hachée
¼ de cuillerée à café de harissa
1 cuillerée à soupe de zaatar
2 cuillerées à soupe de chapelure
3 œufs
4 tomates
1 gousse d'ail
Farine
Feuilles de céleri
Huile d'olive
Huile de friture
Sel, poivre du moulin

Épluchez les pommes de terre et coupez-les en les tournant dans la main de façon à former des coques. Elles serviront à envelopper la farce.

Préparez la farce : hachez les oignons avec le persil, la coriandre et quelques feuilles de céleri. Ajoutez du sel et laissez reposer pendant 15 minutes environ. Rincez à l'eau froide, pressez pour ôter le maximum d'eau. Placez ce mélange dans un saladier avec la viande hachée, les épices, le sel, le poivre, la chapelure et 1 œuf.

Malaxez longuement avant de former de petites boulettes rondes, légèrement oblongues. Entourez-les de coque de pomme de terre. Roulez le tout sur une planche farinée.

Dans une poêle à feu moyen, faites chauffer l'huile de friture. Dans un bol, battez en omelette les 2 œufs restants.

Passez successivement les boulettes dans la farine, puis dans les œufs battus, puis dans l'huile de friture chaude. Laissez cuire jusqu'à ce que les boulettes soient bien dorées. Égouttez-les sur un plat tapissé de papier absorbant.

Dans un faitout avec un filet d'huile, faites chauffer les tomates concassées avec la gousse d'ail entière. Portez à ébullition, puis ajoutez les boulettes. Laissez mijoter à feu très doux pendant 45 minutes environ.

Terminez par une troisième cuisson pour leur donner une texture plus croquante, et passez-les au four à 150 °C pour 15 minutes.

Hors saison, on peut remplacer les tomates par des tomates en cubes surgelées ou de la tomate pelée en conserve.

Ailes de poulet
À LA HARISSA

Une recette, la préférée de mon gourmand de neveu, Joseph, dont le secret réside dans la marinade. À vous d'ajuster le zaatar, la cannelle et la harissa selon vos goûts.

POUR 4 PERSONNES

8 cl d'huile d'olive
2 cuillerées à soupe de jus de citron vert
1 cuillerée à soupe de cannelle en poudre
1 cuillerée à soupe de zaatar
2 cuillerées à café de harissa
5 ailes de poulet

Préparez la marinade en mélangeant l'huile et le jus de citron avec la cannelle, le zaatar et la harissa.

Badigeonnez les ailes de poulet de ce mélange et laissez mariner au frais pendant 1 h 30 minimum.

Faites cuire sous le gril du four pendant 15 minutes. Retournez les ailes et poursuivez la cuisson pendant 15 minutes. Vous pouvez aussi les cuire au four à 190 °C pendant 30 minutes.

Joue de bœuf
AU CUMIN

Une délicieuse recette d'Alice qui ne jure que par les cocottes ! Elle se conserve parfaitement pour le déjeuner du samedi midi. Et si vous n'avez pas de cocotte, vous pouvez aussi utiliser une sauteuse à couvert.

POUR 6 PERSONNES

1 belle cuillerée à café de curcuma en poudre
1 joue de bœuf
2 gousses d'ail pelées et dégermées
1 cuillerée à café de piment rouge en poudre
1 bouquet de coriandre
½ verre d'eau
500 g de pommes de terre
1 belle cuillerée à café de cumin en poudre
Sel, poivre du moulin

Pour la sauce
2 cuillerées à soupe d'huile de tournesol
1 gousse d'ail pelée, dégermée, hachée
1 cuillerée à café de piment rouge en poudre
Sel, poivre

Dans le fond d'une cocotte, faites chauffer le curcuma avec un fond d'eau. Ajoutez la viande préalablement rincée. Fermez la cocotte et laissez cuire à feu doux pendant 10 minutes environ.

Jetez l'eau de la cocotte, ôtez la viande et coupez-la en cubes.

Dans la même cocotte, mettez l'ail haché et le piment. Poivrez. Ajoutez la viande en cubes, ainsi que la coriandre ciselée. Versez l'eau et fermez la cocotte. Laissez cuire pendant 20 minutes environ.

Ouvrez la cocotte, vérifiez la cuisson de la viande en piquant un couteau dedans.

Préparez la sauce : dans une casserole, mélangez tous les ingrédients. Faites chauffer à feu doux pendant 5 minutes.

Ajoutez la sauce dans la cocotte avec les pommes de terre épluchées et taillées en cubes, et un peu d'eau si nécessaire.

Fermez la cocotte et laissez cuire pendant 10 minutes. À la fin de la cuisson, ajoutez le cumin. Ne l'ajoutez pas avant, sinon le plat devient amer.

Légumes et chou farcis

Cette recette classique du monde ashkénaze a été adoptée par les Séfarades. Elle est considérée dans certaines familles comme un véritable repas de fête tant sa préparation est minutieuse. Pensez bien à cuire séparément les légumes et le chou.

POUR 6 PERSONNES

2 oignons
2 tranches de pain de mie trempées dans de l'eau
½ botte de coriandre
½ botte de persil plat
1 kg de viande de bœuf hachée
½ cuillerée à café de noix de muscade
1 petite poignée de semoule fine
2 œufs
100 g de riz cuit
3 courgettes
3 poivrons
6 cœurs d'artichauts frais (ou surgelés)
1 citron
1 chou vert
2 échalotes
2 tomates
1 verre d'eau
Huile d'olive
Curcuma en poudre
Sel, poivre du moulin

Préparez la farce : épluchez les oignons et hachez-les. Hachez également le pain de mie. Ciselez la coriandre et le persil. Mélangez la viande avec les oignons, les herbes, le pain de mie, 1 belle cuillerée à café de curcuma et la muscade. Assaisonnez de sel et de poivre. Ajoutez la semoule crue, les œufs et 2 cuillerées à soupe d'huile. Mélangez bien. Ajoutez le riz, mélangez à nouveau. Laissez reposer au frais pendant 1 heure environ.

Préparez les légumes : coupez les courgettes en deux dans le sens de la longueur et évidez-les. Coupez les poivrons en deux et ôtez les pépins. Faites cuire les cœurs d'artichauts dans une casserole d'eau bouillante avec le jus du citron. Comptez 20 minutes environ, vérifiez la cuisson avec la pointe d'un couteau.

Préparez le chou : effeuillez-le et ôtez le tronc central. Portez une grande marmite d'eau salée à ébullition. Plongez les feuilles pendant 3 minutes dans l'eau bouillante. Passez-les sous l'eau froide, puis épongez-les délicatement avec du papier absorbant.

Formez la farce en boulette, puis mettez-la dans les légumes. Pour le chou, placez un peu de farce au centre d'une feuille et pliez-la.

Dans une sauteuse, faites revenir un filet d'huile. Ajoutez les échalotes ciselées, quelques pincées de curcuma, du sel et du poivre. Laissez revenir quelques instants, puis ajoutez les tomates mixées. Quand la sauce épaissit, versez l'eau. Ajoutez les légumes farcis, couvrez, portez à ébullition sur feu vif. Baissez ensuite le feu et, toujours à couvert, laissez cuire les légumes 30 à 40 minutes environ, jusqu'à ce qu'ils soient fondants.

Faites cuire le chou séparément pour ne pas dénaturer le goût. Rectifiez l'assaisonnement et dégustez. Préparez ce plat à l'avance et réchauffez-le au dernier moment.

Aricha

BLÉ

Ce plat est l'équivalent tunisien de la *dafina* fétiche des Marocains. Si le plat est préparé à l'avance, arrêtez la cuisson 30 minutes plus tôt et réchauffez-le au four à 100 °C pour que le résultat soit plus confit.

POUR 6 PERSONNES

1 os à moelle
3 cuillerées à café d'huile d'olive
500 g de viande de bœuf (macreuse ou paleron)
1 oignon
4 gousses d'ail
4 tomates mûres
2 cuillerées à soupe de coulis de tomate
300 g de blé
1 cuillerée à café de paprika en poudre
1 cuillerée à café de curcuma en poudre
1 bâton de cannelle
1 cuillerée à café de harissa
Sel

Dans une casserole d'eau bouillante salée, faites blanchir l'os à moelle pendant 30 minutes environ, puis rincez-le sous un filet d'eau froide.

Dans une grande marmite, faites chauffer l'huile à feu moyen. Ajoutez la viande coupée en morceaux, puis faites-la dorer sur tous les côtés.

Ajoutez l'oignon ciselé et l'ail haché, ainsi que les tomates pelées et coupées en dés. Versez le coulis de tomate et mouillez à hauteur avec de l'eau. Portez à ébullition.

Une fois à ébullition, couvrez et baissez le feu. Laissez cuire pendant 2 heures environ.

Ajoutez le blé, les épices, la harissa et salez. Ajoutez l'os à moelle et laissez cuire à feu doux pendant 1 h 30, jusqu'à ce que tout le liquide soit absorbé. N'oubliez pas d'ôter le bâton de cannelle avant de servir.

Recettes inspirées

de la cuisine israélienne

Léa, Liran, Zion, Eyal, Yotam, Jamie, Chloé, Sonya et Paul ont inspiré une variété de recettes, souvent levantines, mais toujours associées aux accents gourmands et mémorables de la cuisine israélienne. De la *muhammara* au *flatbread au zaatar*, ces recettes peuvent s'inscrire aussi bien au menu du vendredi soir qu'à celui d'un brunch entre amis.

Baba ganoush

Un caviar d'aubergine, grand classique des tables de shabbat, à déguster avec des pitas (page 245).

POUR 4 À 6 PERSONNES (SELON LE NOMBRE DE KÉMIAS SERVIES)

2 aubergines crues
1 gousse d'ail
2 cuillerées à soupe de jus de citron
1 cuillerée à soupe de tahini
½ cuillerée à café de sel
½ cuillerée à café de paprika doux
½ cuillerée à café de cumin en poudre
Coriandre fraîche
Graines de grenade

Préchauffez le gril du four. Piquez les aubergines en différents endroits avec une fourchette, avant de les chemiser (envelopper) de papier sulfurisé et de les déposer sur la plaque du four. Faites cuire pendant 40 minutes environ. À la sortie du four, laissez-les refroidir. Incisez-les et récupérez délicatement la chair avec une cuillère.

Dans un bol, mélangez la chair des aubergines avec l'ail dégermé et haché, le jus de citron, le tahini, le sel, le paprika et le cumin. Terminez par quelques feuilles de coriandre et graines de grenade.

Houmous

Le houmous, mets méditerranéen par excellence, célèbre le pois chiche et se sert sur toutes les tables de Tel Aviv accompagné de pitas.

POUR 4 À 6 PERSONNES (SELON LE NOMBRE DE KÉMIAS SERVIES)

500 g de pois chiches en conserve égouttés
100 g de tahini
1 gousse d'ail
2 cuillerées à soupe de jus de citron
1 cuillerée à café de gros sel
½ cuillerée à café de cumin en poudre
½ cuillerée à café de zaatar
½ cuillerée à café de paprika doux
2 cuillerées à café de pignons de pin (facultatif)
Huile d'olive
Persil finement ciselé

Égouttez les pois chiches et réservez le jus de la conserve. Mettez les pois chiches égouttés avec le tahini, l'ail haché, 1 cuillerée à soupe d'huile d'olive, le jus de citron, le gros sel et le cumin dans le bol d'un mixeur. Mixez et versez le jus des pois chiches réservé. Dosez-le pour ajuster la consistance du houmous.

Transférez le houmous dans un bol, lissez la surface, puis arrosez d'un filet d'huile. Parsemez de zaatar, de persil finement ciselé, d'une pointe de paprika et de pignons.

Tehina

La sauce tehina, composée de graines de sésame, peut se préparer à l'avance et se conserve au réfrigérateur pour plein d'occasions : comme un lit sous une salade israélienne, avec une grillade ou simplement à déguster avec une pita.

POUR 4 À 6 PERSONNES (SELON LE NOMBRE DE KÉMIAS SERVIES)

6 cuillerées à soupe de pâte de tahini (à acheter dans un magasin spécialisé, Sabah, par exemple, à Paris)
2 gousses d'ail
Le jus de 2 citrons
Huile d'olive
Paprika doux
Sel

Dans un bol, mettez la pâte de tahini, les gousses d'ail épluchées et hachées. Versez le jus des citrons et salez.

Ajoutez un peu d'eau et mélangez progressivement à l'aide d'un fouet. La sauce est prête quand elle est lisse mais pas liquide.

Goûtez et ajustez l'assaisonnement en sel et jus de citron. Lorsque vous servez la tehina en mezzé, ajoutez un peu de paprika doux en poudre et un filet d'huile d'olive sur le dessus.

La salade israélienne

Très grand classique du Moyen-Orient, cette salade se sert aussi bien dans des falafels qu'en kémia.

POUR 4 À 6 PERSONNES (SELON LE NOMBRE DE KÉMIAS SERVIES)

1 oignon rouge
3 petits concombres (ou un grand)
6 tomates
1 cuillerée à soupe de coriandre ciselée
1 citron
1 cuillerée à soupe d'huile d'olive
Gros sel
Tehina (facultatif)

Épluchez l'oignon. Ôtez une bande de peau sur deux des concombres. Coupez en dés les tomates, les concombres et l'oignon. Mettez le tout dans un saladier avec la coriandre ciselée.

Assaisonnez de jus de citron et d'huile d'olive. Salez.

Vous pouvez servir cette salade sur un lit de tehina.

Power salad

Cette salade peut apparaître comme une intruse sur une table de shabbat... Pourtant, son équilibre de saveurs et sa fraîcheur apportent de la modernité à l'éternelle kémia faite de radis et de fenouil. Cette recette, à l'origine intitulée *Raw power salad*, me vient du chef londonien Paul Maberly, fasciné par la cuisine méditerranéenne.

POUR 4 À 6 PERSONNES (SELON LE NOMBRE DE KÉMIAS SERVIES)

1 betterave crue
1 chou colorabi
1 carotte
½ pomme granny-smith
½ orange bio
2 cuillerées à soupe d'huile d'olive
1 cuillerée à café de moutarde
1 cuillerée à café de mélasse de grenade
Coriandre
Graines de courge (facultatif)
Fleur de sel

Épluchez la betterave, le colorabi, la carotte et la pomme. Coupez le tout en bâtonnets en séparant la betterave du reste pour éviter qu'elle ne colore les autres légumes.

Préparez la sauce : mélangez le jus et les zestes râpés de l'orange. Ajoutez l'huile, la moutarde et une pincée de fleur de sel. Fouettez légèrement. Assaisonnez les légumes et la pomme avec les trois quarts de cette sauce.

Assaisonnez les bâtonnets de betterave avec le quart restant de sauce et déposez le tout dans un plat de service. Ajoutez les autres ingrédients et parsemez de coriandre ciselée. Terminez par la mélasse de grenade et une pincée de sel. Vous pouvez ajouter selon vos envies des graines de courge torréfiées.

Salade d'herbes

C'est Zion Barnes, chef du restaurant Ha'achim, à Tel Aviv, qui partage cette recette avec nous.

POUR 4 À 6 PERSONNES (SELON LE NOMBRE DE KÉMIAS SERVIES)

1 bouquet de persil plat
1 bouquet de menthe
3 oignons nouveaux
Le jus de 2 citrons
Pignons de pin (facultatif)
Sésame
Huile d'olive
Sel

Rincez les herbes, effeuillez-les et ciselez les feuilles. Mettez-les dans un saladier. Épluchez les oignons et coupez-les en petits morceaux.

Dans une poêle à sec, faites torréfier les pignons quelques instants pour les colorer.

Ajoutez dans le saladier les oignons et le jus des citrons. Arrosez d'un généreux filet d'huile d'olive. Salez et mélangez. Terminez en ajoutant le sésame et les pignons torréfiés.

RECANATI

Chou-fleur rôti

AU ZAATAR

Eyal Shani, pour moi le meilleur chef israélien, est connu pour être à l'origine du restaurant Miznon à Paris et de plusieurs autres restaurants, dont l'incroyable North Abraxas à Tel Aviv et le HaSalon à New York. Son fait d'armes : le chou-fleur rôti. Il a reconcilié le monde entier avec ce légume, y compris les enfants, qui en redemandent, contre toute attente. J'ai adapté sa recette avec du zaatar et diminué la quantité d'huile.

POUR 4 À 6 PERSONNES (SELON LE NOMBRE DE KÉMIAS SERVIES)

1 chou-fleur
1 petite poignée de gros sel
Huile d'olive
Zaatar
Fleur de sel

Préchauffez le four à 200 °C. Portez à ébullition une grande marmite d'eau avec le gros sel. Plongez le chou-fleur entier avec ses feuilles vers le haut pendant 20 minutes environ.

Égouttez-le, puis déposez-le sur la plaque du four recouverte d'une feuille de papier sulfurisé. Badigeonnez-le généreusement d'huile et saupoudrez de zaatar.

Faites cuire sous le gril du four pendant 15 minutes jusqu'à l'obtention d'une belle coloration. À la sortie du four, arrosez d'huile et salez à la fleur de sel.

Muhammara

La *muhammara*, d'origine syrienne, est un classique de la cuisine levantine. La force de cette recette réside dans l'alliance ail, harissa et mélasse de grenade, ingrédient miraculeux que j'utilise volontiers sur des salades de fruits. Elle se déguste tiède ou froide, avec de la pita ou un morceau de *hallah*.

POUR 4 À 6 PERSONNES (SELON LE NOMBRE DE KÉMIAS SERVIES)

---

4 poivrons rouges
1 oignon
2 belles tomates
4 gousses d'ail
2 cuillerées à café de graines de coriandre
2 cuillerées à café de graines de cumin
2 cuillerées à soupe de concentré de tomate
1 cuillerée à café de vinaigre blanc
1 cuillerée à café de sucre roux
1 cuillerée à café de harissa
10 noix
Coriandre
Huile d'olive
Mélasse de grenade
Gros sel

Préchauffez le four à 190 °C. Coupez les poivrons en quatre, ôtez le centre et la majorité des pépins.

Sur la plaque du four recouverte d'une feuille de papier sulfurisé, déposez les morceaux de poivron, l'oignon et les tomates coupés en quatre. Arrosez le tout d'un filet d'huile et d'une pincée de gros sel. Enfournez à 190 °C pour 40 minutes environ. À mi-cuisson, ajoutez les gousses d'ail entières et épluchées, et retournez les poivrons.

Pendant ce temps, faites torréfier dans une poêle à sec, à feu moyen, les graines de coriandre et de cumin. Concassez-les dans un mortier.

Dans la même poêle, faites chauffer 1 cuillerée à soupe d'huile. Ajoutez le concentré de tomate et mélangez avec une spatule. Ajoutez le vinaigre et le sucre, laissez mijoter quelques minutes jusqu'à ce que la préparation ait foncé.

Cassez les noix et coupez les cerneaux en petits morceaux. Une fois les légumes grillés, ôtez leur peau.

Dans un robot, mettez les poivrons, les tomates, l'oignon, la harissa, le concentré de tomate cuit et les épices moulues. Appuyez trois ou quatre fois sur « pulse » pour obtenir comme une purée grossière. Ajoutez les cerneaux de noix, 1 cuillerée à café de mélasse de grenade et appuyez deux fois sur « pulse ». Le résultat ne doit pas être trop lisse.

Servez la *muhammara* dans un bol ou un plat, et décorez de quelques feuilles de coriandre, d'un filet d'huile et d'un dernier petit filet de mélasse de grenade.

Ingrédients phares

Coriandre

Fraîche ou en graines, la coriandre est très présente dans les recettes de ce livre, notamment dans la *muhammara* (page 166). De son nom scientifique *coriandrum sativum*, cette plante herbacée est surtout utilisée pour ses petites baies séchées, de couleur marron clair, que nous appelons « graines » en raison de leur petite taille. En bouche, elles ont une saveur puissante mais peu piquante, teintée de notes citronnées. Les feuilles de coriandre sont aussi très largement utilisées pour apporter du goût et une touche de couleur aux plats.

Cumin

Épice phare de la cuisine de shabbat, le cumin est issu du *cuminum cyminum*, une plante herbacée. Ses graines de couleur brun clair — à ne pas confondre avec le carvi, assez proche visuellement — sont notamment incontournables dans la cuisine orientale pour parfumer les plats et apporter des notes puissantes, chaudes, légèrement anisées. Il est à utiliser avec parcimonie pour ne pas prendre le pas sur le reste des saveurs du plat. Dans la recette de la *muhammara* (page 166), les graines de cumin se marient aux graines de coriandre. Toutes deux sont torréfiées, puis passées au mortier, ce qui apporte une saveur inimitable. Il est d'ailleurs recommandé de torréfier les graines avant de les réduire en poudre pour faciliter le mixage et exacerber leur parfum. Vous pouvez aussi utiliser du cumin en poudre pour vous faciliter la tâche. Le cumin aromatise souvent les kémias séfarades, que ce soient les fèves (page 76) ou les carottes (page 63). Découvrez aussi une délicieuse recette de joue de bœuf au cumin (page 138).

Avocat, grenade

& CORIANDRE

Cette recette est l'incarnation même de la simplicité, et permet de marier le croquant de la grenade à l'onctuosité de l'avocat.

POUR 4 À 6 PERSONNES (SELON LE NOMBRE DE KÉMIAS SERVIES)

1 grenade
3 avocats
Le jus de 1 citron
1 cuillerée à soupe de mélasse de grenade (facultatif)
Quelques brins de coriandre
Huile d'olive
Sel

Coupez la grenade en deux et récupérez les graines en ôtant les membranes blanches.

À l'aide d'un bon couteau, coupez les avocats en fines lamelles et arrosez-les de jus de citron pour éviter qu'elles ne noircissent.

Disposez harmonieusement les lamelles d'avocat et les graines de grenade. Assaisonnez d'huile et de sel. Décorez le tout de coriandre ciselée. Terminez par la mélasse de grenade juste avant de servir.

Ingrédients phares

Grenade

La grenade est le fruit de Rosh Hashana par excellence, pour bien démarrer l'année. D'après la Tribune juive, la grenade fait partie des sept espèces qui caractérisent la Terre promise : *« Un pays de blé, d'orge et de vignes, de figues et de grenades, un pays d'olives riches en huile et un pays de miel. »*
Rappelons aussi la bénédiction récitée lors du *seder* de Rosh Hashana : *« Puisse être Ta volonté, Éternel notre Dieu et Dieu de nos pères, que nos mérites se multiplient comme les grains de la grenade. »*
Ce fruit est apprécié pour sa douceur, son côté frais, désaltérant en bouche, ainsi que sa couleur vive qui vient apporter de la gaieté dans les plats. Originaire d'Iran, la grenade est l'un des plus anciens fruits connus ; elle est récoltée tout autour du Bassin méditerranéen. Un bon moyen pour la choisir ? Plus elle est lourde en main, plus la pulpe sera juteuse.

Mélasse de grenade

Yotam Ottolenghi, chef israélien incontournable de la scène culinaire mondiale, l'appelle « l'or noir ». C'est dire s'il s'agit d'un ingrédient précieux à avoir dans ses placards. La mélasse de grenade, qui fait partie intégrante de la cuisine du Moyen-Orient, est obtenue à partir du jus d'une certaine variété de grenade particulièrement acide, auquel sont ajoutés sucre et jus de citron. Il est ensuite longuement réduit pour obtenir une consistance de sirop épais. Il en suffit de très peu dans une recette, souvent une cuillerée à café, pour lui apporter un goût inimitable, à la fois fruité et bien acidulé. Retrouvez la mélasse de grenade notamment dans la fraîcheur de tomates (page 175) et la *muhammara* (page 166), mais à vous de prendre l'habitude de l'ajouter en petites quantités dans vos salades salées et sucrées juste avant de servir.

Fraîcheur de tomates
& GRENADE

Voici la recette idéale pour vos shabbat estivaux. Le secret ? N'hésitez pas à mettre un maximum de grenade… Certes, c'est un brin fastidieux de les épépiner mais le jeu en vaut la chandelle, tant on adore cette recette.

POUR 4 À 6 PERSONNES (SELON LE NOMBRE DE KÉMIAS SERVIES)

4 tomates
2 grenades
1 oignon rouge
½ bouquet de coriandre
1 citron
1 cuillerée à soupe de mélasse de grenade
Huile d'olive
Sel

Coupez les tomates rincées en petits dés. Coupez les grenades en deux et récupérez les graines en ôtant les membranes blanches.

Disposez sur un plat les dés de tomate et les graines de grenade. Parsemez le tout d'oignon coupé en petits morceaux et de coriandre effeuillée et ciselée.

Dans un bol, mélangez un généreux filet d'huile d'olive et le jus du citron. Versez cette vinaigrette sur le plat. Salez et terminez par la mélasse de grenade.

Betterave, pamplemousse

& WASABI

Les Israéliens sont très amateurs de cuisine asiatique, et de très bons restaurants japonais et thaïlandais notamment ont ouvert à Tel Aviv. Pas si étonnant donc de retrouver du wasabi dans la cuisine israélienne… Il apporte une pointe de piquant qui se marie très bien avec la betterave.

POUR 4 À 6 PERSONNES (SELON LE NOMBRE DE KÉMIAS SERVIES)

2 betteraves cuites
2 pamplemousses roses
Le jus de 2 citrons
1 cuillerée à café de sauce de wasabi (en vente dans les épiceries cacher)
Huile d'olive

Épluchez les parties abîmées des betteraves. Coupez-les en fines lamelles avec un bon couteau. Disposez-les en rosace sur un grand plat.

Épluchez les pamplemousses en mordant sur la chair et levez les suprêmes : passez la lame d'un couteau le long des membranes blanches et récupérez les segments de pulpe.

Disposez le pamplemousse sur la betterave. Dans un bol, mélangez le jus des citrons avec un filet d'huile d'olive et la sauce de wasabi. Mélangez bien pour que le wasabi se dilue bien.

Arrosez le plat de cette sauce.

Dégustez bien frais.

Carpaccio de colorabi

SÉSAME & GRANNY-SMITH

Le colorabi, chou-rave que l'on trouve sur les étals des marchés israéliens, est un légume souvent servi pour shabbat, notamment dans le couscous. Il est habituellement taillé en morceaux et cuit. Ici, nous vous offrons une variante : un carpaccio de colorabi agrémenté de pomme verte et de sésame. Nous le faisons mariner la veille avec du citron et du sel, pour qu'il se ramollisse un peu.

POUR 4 À 6 PERSONNES (SELON LE NOMBRE DE KÉMIAS SERVIES)

1 colorabi (chou-rave)
1 citron
¼ de cuillerée à café de sel fin
½ pomme granny-smith
2 branches d'aneth
2 cuillerées à soupe de graines de sésame
Huile de pépins de raisin
Gros sel

La veille, épluchez le colorabi, puis taillez-le en tranches très fines à l'aide d'une mandoline (ou d'un bon couteau). Placez-les dans un bol avec le jus du citron et le gros sel. Laissez mariner toute une nuit au frais pour ramollir légèrement les tranches de chou.

Le jour même, épluchez la demi-pomme et taillez une partie en petits cubes et l'autre partie en fines lamelles. Rincez les lamelles de colorabi sous un filet d'eau froide, séchez-les, puis disposez-les en rosace sur un plat. Assaisonnez le tout d'huile et de la marinade. Terminez en ajoutant la pomme, l'aneth ciselé et le sésame. Rectifiez l'assaisonnement en sel.

Salade de pois chiches

Le pois chiche est le grand allié des kémias, des plats de shabbat et de la cuisine orientale au sens large. Vous pouvez préparer cette recette avec des pois chiches secs, comme ici. Dans ce cas, ils doivent reposer dans un saladier d'eau toute une nuit. Ou alors utilisez des pois chiches en conserve pour gagner du temps.

POUR 4 À 6 PERSONNES (SELON LE NOMBRE DE KÉMIAS SERVIES)

½ cuillerée à café de bicarbonate de soude
100 g de pois chiches secs
2 poivrons
1 oignon rouge
1 citron non traité
½ concombre
1 cuillerée à soupe d'huile d'olive
½ cuillerée à café de cumin en poudre
½ cuillerée à café de gros sel
1 cuillerée à soupe de persil ciselé

Dans un saladier d'eau avec le bicarbonate, mettez les pois chiches et laissez-les tremper toute une nuit.

Le lendemain, rincez-les, puis transférez-les dans une casserole d'eau salée. Faites-les cuire pendant 1 heure. Égouttez-les et laissez-les refroidir.

Pendant ce temps, préchauffez le four à sa température maximum. Déposez les poivrons sur la plaque du four recouverte d'une feuille de papier sulfurisé. Faites-les cuire pendant 20 minutes environ, jusqu'à ce que la peau noircisse mais pas la chair.

Déposez les poivrons dans une passoire posée sur un saladier. Faites rapidement couler de l'eau froide et laissez-les tiédir. Retirez la peau à l'aide d'un couteau. Hachez la chair.

Émincez l'oignon. Râpez les zestes du citron à l'aide d'une Microplane® (râpe fine) et récupérez 1 cuillerée à soupe de jus de citron. Coupez le demi-concombre épluché en petits morceaux.

Dans un saladier, mélangez tous les ingrédients de la recette. Ajoutez les pois chiches, mélangez bien et laissez-reposer au frais pendant 30 minutes environ avant de servir.

La salade fattouche

La recette s'inspire de la fameuse salade fattouche du Palomar, un de mes restaurants préférés à Londres, qui sert une cuisine moderne israélienne, et dont l'équivalent à Jérusalem est le légendaire MachneYuda. Le chef pioche son inspiration dans les traditions culinaires du sud de l'Espagne, de l'Afrique du Nord et du Liban.

POUR 4 À 6 PERSONNES (SELON LE NOMBRE DE KÉMIAS SERVIES)

3 tranches de pain pita rassis
2 cuillerées à soupe de zaatar
4 tomates
4 petits concombres
1 oignon rouge
1 bouquet de persil plat
4 cuillerées à soupe d'amandes
1 cuillerée à soupe de sumac
3 cuillerées à soupe de jus de citron
Huile d'olive
Sel, poivre du moulin

Préparez les croûtons : badigeonnez les morceaux de pain d'huile d'olive, de 1 cuillerée à soupe de zaatar et de sel. Disposez-les sur la plaque du four recouverte d'une feuille de papier sulfurisé.

Enfournez à 160 °C pour 12 minutes environ pour les rendre croustillants.

Laissez-les refroidir, puis cassez-les en morceaux. Vous pouvez préparer les croûtons à l'avance, ils se conservent sans problème une semaine.

Coupez les tomates en petits morceaux. Ôtez une bande de peau sur deux des concombres et taillez-les en rondelles. Épluchez l'oignon et coupez-le finement.

Hachez grossièrement le persil rincé. Dans une poêle à sec, faites torréfier les amandes quelques minutes.

Dans un saladier, mettez les croûtons avec tous les autres ingrédients, la cuillerée restante de zaatar et les amandes coupées en petits morceaux. Mélangez bien. Salez et poivrez. Ajustez l'assaisonnement avec un peu plus de jus de citron selon vos goûts.

Cette salade est idéale pour un déjeuner en semaine, si on y ajoute des morceaux de halloumi grillé (fromage chypriote que l'on trouve dans certaines fromageries ou supermarchés).

Fenouil
AU ZAATAR & ABRICOTS

Il est fréquent de servir du fenouil à shabbat. Traditionnellement, on le mange nature, coupé en quartiers. Ici, on a voulu distiller une touche d'originalité avec ces fenouils grillés. Et quand ce n'est plus la saison des abricots, remplacez-les par de la figue crue ou du coing rôti.

POUR 4 À 6 PERSONNES (SELON LE NOMBRE DE KÉMIAS SERVIES)

---

3 fenouils
6 abricots
Le jus de 1 citron
Quelques brins de coriandre
Huile d'olive
Zaatar
Fleur de sel, poivre du moulin

Coupez les fenouils en quatre.

Sur la plaque du four recouverte d'une feuille de papier sulfurisé, déposez les fenouils arrosés d'huile d'olive et faites-les griller sous le gril du four pendant 10 minutes environ.

Coupez les abricots en quartiers. Dans un plat, disposez harmonieusement les fenouils grillés parsemés de zaatar et les abricots. Parsemez de coriandre.

Assaisonnez d'huile d'olive, de jus de citron, de fleur de sel et de poivre.

Aubergines grillées

VERSION TEL AVIV

Le tahini est une pâte à base de graines de sésame. On le trouve souvent en Israël, en Grèce ou au Moyen-Orient, servi avec des plats du type mezzé. Il est vendu en boîte dans des épiceries orientales. Cette sauce fait toute la saveur de ces aubergines grillées.

POUR 4 À 6 PERSONNES (SELON LE NOMBRE DE KÉMIAS SERVIES)

Pour les aubergines grillées
2 aubergines
2 cuillerées à soupe d'huile d'olive
Graines de grenade
Coriandre
Huile d'olive

Pour la sauce tehina
1 gousse d'ail écrasée
100 g de pâte de tahini
6 cl de jus de citron
2 cuillerées à soupe d'huile d'olive
Sel

Préparez la sauce : mélangez tous les ingrédients avec une spatule et ajustez la quantité de jus de citron selon vos goûts. Réservez au réfrigérateur.

Préparez les aubergines : faites griller les aubergines directement sur un feu ou sinon sous le gril du four, en les retournant à mi-cuisson pendant 20 à 30 minutes selon votre four.

Coupez les aubergines en deux dans le sens de la longueur, puis disposez-les sur du papier cuisson. Assaisonnez la chair d'un filet d'huile d'olive. Versez la sauce tehina sur toute la surface, puis parsemez le tout de quelques graines de grenade fraîche et de feuilles de coriandre ciselée. Dégustez.

Shiitakes
AU SUMAC

Encore une incursion asiatique dans nos recettes de shabbat ! Ce champignon japonais est maintenant largement disponible. Testez ce plat aussi simple que rapide à préparer.

POUR 4 À 6 PERSONNES (SELON LE NOMBRE DE KÉMIAS SERVIES)

500 g de shiitakes
3 cuillerées à soupe d'huile neutre (pépins de raisin ou tournesol)
Le jus de 1 citron vert
2 cuillerées à café de sumac
Quelques brins de coriandre
Huile d'olive

Ôtez les pieds des shiitakes, puis rincez les champignons sous un filet d'eau froide. Épongez-les délicatement sur un papier absorbant.

Dans une sauteuse, faites chauffer l'huile. Ajoutez les shiitakes et faites-les revenir à feu vif pendant 2 minutes en mélangeant sans cesse avec deux spatules. Baissez le feu, couvrez et laissez cuire pendant 2 minutes à nouveau.

Dans un bol, mélangez le jus de citron, le sumac et un filet d'huile d'olive. Versez cette sauce sur les champignons tièdes. Décorez de coriandre ciselée.

Ingrédients phares

Sumac

Au même titre que la mélasse de grenade (page 172), le sumac est un ingrédient phare de la cuisine de Yotam Ottolenghi, chef culte, qui a su mettre la cuisine israélienne sur le devant de la scène. Les cuisines libanaise, syrienne, iranienne et turque notamment regorgent de sumac. Il s'agit d'une épice orientale obtenue à partir de baies séchées, de couleur rouge intense, poussant sur un arbuste de la famille du pistachier.

Le sumac, au délicieux goût citronné, s'utilise comme un condiment et peut être un substitut au citron ou au vinaigre. Saupoudrez-en vos plats de viande, poisson ou légumes (voir la recette des shiitakes au sumac, page 189). Il est aussi indissociable de la salade *fattouche* (page 183).

Riz aux lentilles
& AUX FRUITS DE SAISON

Voilà une recette que Chloé Saada aime préparer pour les dîners de shabbat. Auteure de livres de cuisine et traiteur, cette jeune femme pétillante a l'art de proposer des recettes aussi simples que savoureuses.

POUR 4 PERSONNES

150 g de lentilles beluga (ou lentilles vertes du Puy)
150 g de riz rond de Camargue
1 oignon
4 abricots
Harissa (suivant les goûts)
Cumin en poudre
Huile d'olive
Huile de friture
Ras el-hanout
Sel, poivre du moulin
Graines de sésame (facultatif)

Dans une casserole d'eau froide, faites cuire les lentilles beluga avec du ras el-hanout et un filet d'huile d'olive, suivant le temps indiqué sur le paquet (30 minutes environ). Égouttez-les.

Parallèlement, dans une autre casserole d'eau bouillante, faites cuire le riz avec un peu de harissa, de cumin, de sel et un filet d'huile d'olive suivant le temps indiqué sur le paquet (10 minutes environ). Égouttez-le.

Dans une poêle, faites chauffer un fond d'huile de friture. Ajoutez l'oignon ciselé et laissez-le frire quelques instants. Égouttez-le sur une feuille de papier absorbant.

Dans une autre poêle, faites rôtir les abricots taillés en quartiers dans un filet d'huile d'olive.

Mélangez le riz et les lentilles, rectifiez l'assaisonnement en sel et poivre. Déposez les oignons frits et les abricots rôtis sur le dessus.

Parsemez de graines de sésame.

Céleri-rave rôti

La cuisine israélienne, inspirée par les légendaires Yotam Ottolenghi et Eyal Shani, foisonne de recettes de légumes. Celle-ci est simple et offre également un accompagnement original à un plat de viande.

POUR 4 À 6 PERSONNES

1 céleri-rave
1 belle cuillerée à soupe de harissa
Le jus de ½ citron
Huile d'olive
Zaatar
Sel, poivre du moulin
Oignon rouge (facultatif)
Graines de grenade (facultatif)
Persil (facultatif)
Tomates cerises (facultatif)

Ôtez les radicelles du céleri-rave. Lavez-le et séchez-le. Déposez-le entier dans un plat. Assaisonnez d'un filet d'huile d'olive, de sel et de poivre. Parsemez de zaatar.

Dans un verre, mélangez la harissa avec le jus de citron. Complétez avec de l'eau jusqu'au bord. Versez la moitié du mélange sur le céleri-rave.

Enfournez pour 3 heures à 160 °C en arrosant toutes les 30 minutes du restant du mélange harissa/jus de citron. Vérifiez la cuisson en piquant la lame d'un couteau.

Servez avec, au choix, de l'oignon frais taillé en cubes, du persil ciselé, des graines de grenade et des tomates cerises rôties.

Boulgour
AUX FRUITS DE SAISON

Voilà une salade fraîche et pleine de saveurs pour les versions estivales de vos dîners. Ses notes de citron vert, de grenade, de fines herbes fraîchement ciselées la rendent addictive, mais à vous de l'accommoder selon les fruits de saison. Vous pouvez ajouter des pistaches pour une touche croquante.

POUR 4 PERSONNES

1 ½ verre de boulgour
½ concombre
1 tomate
¼ de melon (ou autre fruit de saison)
1 oignon rouge
1 cébette
1 cuillerée à soupe de fines herbes (coriandre, menthe, aneth, persil)
1 citron vert
Le jus de 1 citron jaune
Curcuma (ou paprika)
Quelques graines de grenade
Huile d'olive
Sel, poivre du moulin

Portez à ébullition une casserole d'eau. Dans un saladier, délayez dans 1 cuillerée à soupe d'huile un peu de sel et de curcuma. Ajoutez le boulgour et mélangez à sec.

Quand l'eau bout, versez-la doucement sur le boulgour et mouillez à hauteur. Couvrez et laissez cuire pendant 8 à 10 minutes environ.

Épépinez le demi-concombre, puis coupez-le, ainsi que la tomate et le melon, en tout petits morceaux. Taillez finement l'oignon et la cébette entière (vert compris).

Égouttez le boulgour, puis versez dessus un peu d'huile d'olive. Ajoutez tomate, concombre, melon, oignon et cébette, ainsi que les fines herbes ciselées et quelques graines de grenade.

Râpez des zestes de citron vert avec une Microplane®, assaisonnez d'huile d'olive, de jus de citron jaune, de sel et poivre.

Tabouleh

Fraîche et délicieuse, cette recette nécessite de la patience pour ciseler les bottes de persil plat. Il est possible de la préparer à l'avance, dans ce cas, ajoutez la vinaigrette au dernier moment pour ne pas noyer les ingrédients.

POUR 8 À 10 PERSONNES

100 g de gros boulgour
3 petits oignons blancs
6 bouquets de persil plat
6 tomates
Le jus de 4 citrons
ou 2 cuillerées à soupe de vinaigre blanc
4 à 5 cuillerées à soupe d'huile d'olive
1 cuillerée à soupe de sumac (facultatif)
Sel, poivre du moulin

Faites tremper le boulgour dans un saladier d'eau tiède pendant 1 heure environ.

Pendant ce temps, épluchez les oignons et hachez-les. Rincez le persil et ciselez-le. Coupez les tomates en dés.

Égouttez le boulgour et remettez-le dans le saladier. Ajoutez les oignons, le persil et les tomates.

Dans un bol, mélangez le sel, le poivre, le jus des citrons ou le vinaigre et l'huile d'olive. Versez l'assaisonnement au dernier moment dans le saladier. Mélangez, ajustez selon vos goûts. Parsemez de sumac juste avant de servir.

Ceviche de daurade
À LA RHUBARBE

Une recette fraîche pour des dîners non conventionnels. Léa de Shishi Marais sert ce ceviche de daurade avec des pointes de confiture de rhubarbe. Si vous n'avez pas de rhubarbe, vous pouvez la remplacer par une confiture de coing en automne, ou de poire en hiver.

POUR 4 PERSONNES

1 botte de rhubarbe
Sucre à confiture
Zestes et jus de 1 citron vert
1 morceau de gingembre de 5 cm environ
500 g de filets de daurade
8 tomates cerises
8 fraises
6 framboises
Basilic
Menthe
Huile d'olive
Sel, poivre du moulin

La veille, préparez la confiture de rhubarbe : épluchez la rhubarbe, ôtez les filaments et taillez-la en petits morceaux. Pesez le poids de la rhubarbe et ajoutez un tiers du poids en sucre à confiture. Mettez le tout dans un saladier avec le jus de citron vert. Laissez reposer toute une nuit.

Le jour même, mettez la rhubarbe avec le sucre dans une casserole et laissez cuire à feu doux jusqu'à l'obtention d'une confiture. Remuez régulièrement.

10 minutes avant la fin de la cuisson, ajoutez le gingembre épluché entier pour parfumer.

Ôtez la peau et les arêtes de la daurade. Coupez des lamelles en biseaux.

Sur une assiette, disposez harmonieusement les lamelles de daurade. Assaisonnez d'huile d'olive et de zestes de citron vert râpés à la Microplane®. Salez et poivrez. Laissez mariner 15 minutes minimum au frais.

Juste avant de servir, ajoutez des pointes de confiture de rhubarbe, ainsi que les tomates cerises taillées en deux, les fraises coupées en deux ou en quatre selon leur grosseur et les framboises.

Ajoutez un peu de la marinade pour apporter du goût. Décorez de feuilles de basilic et de menthe.

Risotto de ptitim
AUX ASPERGES & BOUTARGUE

Les *ptitim*, surnommés « le couscous israélien », sont des pâtes en forme de perles de blé dont les Israéliens raffolent. Ils se trouvent dans les épiceries cacher et portent parfois le nom de couscous perlé. Ils se consomment froids, comme dans un taboulé, ou chauds avec une ratatouille. Cette recette de printemps imaginée par Léa de Shishi Marais marie des asperges à l'indispensable boutargue — œufs de mulet salés et séchés —, spécialité de plusieurs pays méditerranéens.

POUR 4 PERSONNES

1 échalote
250 g de *ptitim*
1 cuillerée à soupe de sumac
¾ de verre de vin blanc
8 asperges vertes
2 cuillerées à soupe de crème de soja
Boutargue
Œufs de saumon
Fleurs de bourrache (facultatif)
Huile d'olive
Sel, poivre du moulin

Dans une poêle, faites revenir à feu vif l'échalote ciselée dans un beau filet d'huile. Ajoutez les *ptitim*, laissez colorer quelques minutes en mélangeant bien.

Ajoutez le sumac pour apporter de la couleur, puis versez le vin blanc. Laissez-le s'évaporer en remuant de temps en temps. Assaisonnez. Ajoutez un peu d'eau, puis laissez cuire comme indiqué sur le paquet (15 minutes environ).

Parallèlement, faites cuire les asperges vertes dans l'eau bouillante salée pendant 8 minutes environ. Égouttez-les et faites-les revenir à la poêle à sec pour les griller. Lustrez-les d'huile d'olive avec un pinceau.

Égouttez les *ptitim*. Ajoutez la crème de soja au centre. Rectifiez l'assaisonnement. Servez immédiatement avec les asperges grillées, quelques tranches de boutargue et des œufs de saumon. Décorez le tout de fleurs de bourrache.

Poulet rôti au sumac

ZAATAR & CITRON

Voici une version qui change du traditionnel poulet rôti. Les parfums du sumac et du zaatar apportent une note originale qui vous fera rapidement adopter cette recette.

POUR 6 PERSONNES

3 oignons rouges
2 gousses d'ail
4 cuillerées à soupe d'huile d'olive
2 citrons
1 cuillerée à café de mélange de quatre-épices en poudre
1 cuillerée à café de cannelle en poudre
1 cuillerée à soupe de sumac
2 cuillerées à soupe de zaatar
20 cl de bouillon de volaille (ou d'eau)
1 gros poulet fermier de 1,8 à 2 kg
5 cuillerées à soupe de persil plat ciselé
60 g d'amandes effilées (ou de pignons de pin)
Sel, poivre du moulin

Épluchez les oignons et coupez-les en lamelles. Dans un plat, mélangez à la main les oignons, l'ail haché, l'huile, le jus de 1 citron et les zestes des 2 citrons, les épices et le bouillon. Salez et poivrez.

Ajoutez le poulet entier ou coupé en 8 morceaux (selon votre envie). Badigeonnez-le de la marinade avec vos mains. Laissez-le mariner idéalement toute une nuit (ou 1 heure au minimum).

Le lendemain, enfournez le poulet à 150 °C pour 50 minutes environ, puis terminez la cuisson à 200 °C pour 15 à 20 minutes supplémentaires.

Parsemez de persil et d'amandes effilées (ou de pignons). Dégustez.

Poulet
AU POIVRE DU SICHUAN

Le poulet rôti, plat consensuel par excellence de shabbat. En voici une version inédite qui marie le poivre du Sichuan moulu et la mélasse de dattes. La cuisine asiatique, très appréciée des Israéliens, voit un grand nombre de chefs en ajouter des touches à leurs plats.

POUR 4 PERSONNES

1 poulet
Curcuma en poudre
Sauge
1 cuillerée à soupe de poivre du Sichuan
4 cuillerées à soupe de mélasse de dattes
Sel, poivre du moulin

Assaisonnez le poulet de sel, poivre, curcuma et feuilles de sauge. Placez-le dans un sachet de cuisson (en vente dans les supérettes cacher) ou enveloppez-le dans du papier sulfurisé et fermez-le hermétiquement pour conserver le jus.

Mettez-le à cuire au four à 180 °C pendant 1 heure environ. Filtrez le jus de cuisson. Coupez le poulet en morceaux.

Dans une poêle à sec, faites chauffer le poivre du Sichuan moulu. Ajoutez un peu de jus de cuisson, la mélasse de dattes, puis les morceaux de poulet. Laissez-les colorer. Ajoutez la fin du jus de cuisson. Servez immédiatement avec des pommes grenailles.

Spécial kids

Dans de nombreuses familles, les jeunes convives ont souvent un menu spécial pour shabbat car ils boudent certaines recettes classiques. Nous avons sélectionné des plats simples qui feront la joie des petits, comme ces beignets de poulet ou le couscous rouge.

Patates douces
À LA TEHINA

Cette recette de kémia est typique de la cuisine israélienne. La tehina apporte de la douceur et de la rondeur aux patates douces cuites au four.

POUR 4 PERSONNES

---

1 très grosse patate douce (ou 2 moyennes)
1 cuillerée à soupe de harissa (facultatif)
1 cuillerée à soupe de miel liquide
4 belles cuillerées à soupe de tehina
1 filet de miel liquide pour la tehina (facultatif)
1 cuillerée à soupe de fines herbes (aneth, ciboulette, persil plat)
Poivre concassé (facultatif)
Huile d'olive
Sel, poivre du moulin

Épluchez la patate douce et coupez-la en gros morceaux. Dans un saladier, mélangez la harissa et le miel liquide.

Arrosez d'huile d'olive pour diluer le mélange de miel et harissa. Trempez les morceaux de patate douce dans cette sauce, de façon qu'ils soient bien imbibés. Assaisonnez.

Disposez-les sur la plaque du four recouverte de papier sulfurisé. Mettez à cuire au four à 180 °C pendant 10 minutes. Mélangez bien, tournez-les dans le jus de cuisson, puis poursuivez la cuisson encore 10 minutes.

Mélangez la tehina avec un peu de miel, si vous aimez les saveurs sucrées-salées. Dans une assiette ou un plat, déposez un lit de tehina, ajoutez les morceaux de patate douce, puis terminez par des fines herbes ciselées et un peu de poivre concassé.

Nikitouche

Les nikitouche sont des petites pâtes, l'équivalent des pâtes alphabet pour les Tunisiens. Elles sont souvent servies dans un simple bouillon… Mon neveu Noé, 6 ans, considère que c'est son repas préféré avec les hamburgers.

POUR 4 PERSONNES

1 cuisse de poulet coupée en deux
2 ailes de poulet
1 branche de céleri
2 carottes
2 navets
2 blancs de poireau
1 bouquet garni
1 paquet de nikitouche
(à acheter dans une épicerie ou
chez un boucher cacher)
Quelques filaments de safran (facultatif)
Huile d'olive
Sel, poivre du moulin

Préparez le bouillon : mettez le poulet, les légumes épluchés et coupés en morceaux et le bouquet garni dans une marmite. Mouillez à hauteur avec de l'eau. Laissez cuire à feu doux pendant 1 heure environ.

Dans un faitout, faites chauffer un filet d'huile. Ajoutez le safran et les nikitouche. Mélangez bien. Salez et poivrez. Versez 3 verres de bouillon de poulet, laissez cuire à feu doux pendant 20 minutes. Ajoutez du bouillon au fur et à mesure si nécessaire. Dégustez immédiatement.

Couscous rouge

Ce plat tunisien utilise les restes de couscous. Il se prépare en un temps éclair et ravit les enfants pour un repas d'après-shabbat !

POUR 4 PERSONNES

1 cuillerée à soupe d'huile d'olive
1 gousse d'ail pelée et dégermée
½ cuillerée à café de harissa (à ajuster selon vos goûts)
1 cuillerée à café de piment doux
1 cuillerée à café de carvi
2 cuillerées à soupe de coulis de tomate
2 cuillerées à soupe d'eau
300 g de couscous déjà cuit

Dans une poêle, faites chauffer l'huile. Ajoutez l'ail écrasé et la harissa délayée dans un peu d'eau. Laissez revenir quelques instants, puis ajoutez le piment et le carvi.

Versez le coulis de tomate et l'eau dans la poêle, puis ajoutez progressivement la semoule pour qu'elle s'imprègne bien des épices. Mélangez.

Riz cantonais

Une recette qui peut paraître inattendue dans un livre consacré au shabbat ! Et pourtant, elle plaît beaucoup aux enfants. Par ailleurs, les Juifs new-yorkais ont instauré un rituel, qui consiste à dîner le 24 décembre dans un restaurant chinois. Traditionnellement, ces restaurants étaient les seuls ouverts ce soir de fête, veille de Noël.

POUR 4 À 6 PERSONNES

250 g de riz
2 œufs
1 botte de ciboulette (facultatif)
125 g de petits pois cuits
2 tranches de poitrine de dinde au poivre (ou autre charcuterie cacher de votre choix)
Huile
Sel, poivre

Dans une casserole d'eau salée, faites cuire le riz comme indiqué sur le paquet (10 minutes environ). Dans un bol, cassez les œufs, battez-les en omelette à l'aide d'une fourchette, puis ajoutez la ciboulette ciselée.

Dans une poêle, faites chauffer un filet d'huile. Ajoutez les œufs et faites-les cuire en omelette. Réservez-la dans une assiette et coupez-la en petits cubes.

Dans la même poêle, mettez le riz cuit avec les cubes d'omelette et les petits pois cuits. Ajoutez la poitrine de dinde en petits morceaux. Laissez cuire pendant 5 minutes environ en mélangeant. Assaisonnez.

Banatages

La spécialité de ma mère, qui est d'origine soussienne. Délices tunisiens de mon enfance, anti-régime au possible, les *banatages* s'accompagnent d'un jus de citron et se dégustent pour toutes les occasions.

POUR 4 PERSONNES

3 œufs
10 pommes de terre
250 g de blanc de poulet
1 gros oignon
½ botte de persil
1 verre d'eau
1 trait de jus de citron
1 pincée de noix de muscade
Huile d'olive
Sel

Pour la friture
1 verre de farine
2 œufs
Huile de friture

Faites cuire 2 œufs dans une casserole d'eau bouillante salée pendant 9 minutes et les pommes de terre dans une autre casserole d'eau bouillante salée pendant 20 minutes.

Écalez les œufs et coupez-les en dés. Réservez. Écrasez les pommes de terre en purée, salez et ajoutez l'œuf cru restant.

Dans une casserole, faites revenir dans un filet d'huile le blanc de poulet coupé en 2 morceaux, l'oignon ciselé et le persil haché. Versez l'eau et laissez cuire à feu moyen pendant 15 minutes à couvert.

Hachez le poulet cuit, assaisonnez de jus de citron, de noix de muscade, et ajoutez les œufs durs écalés et coupés en dés. Laissez tiédir la farce.

Prenez une part de purée, étalez-la en un rectangle et posez au centre un peu de farce. Roulez le rectangle en un boudin. Coupez-le en rondelles de 5 cm environ. Formez des boulettes ovales. Répétez l'opération pour toute la purée et la farce.

Dans une sauteuse, versez de l'huile au tiers. Chauffez à feu vif, puis baissez le feu. Passez les banatages successivement dans la farine, puis les œufs battus. Faites-les frire en les retournant. Quand ils sont bien dorés, égouttez-les et posez-les dans un saladier recouvert de papier absorbant.

Dégustez-les avec un filet de jus de citron.

Beignets de poulet

SAUCE AIGRE-DOUCE

Bien qu'elle ne soit pas traditionnelle, cette recette de Sonya Maarek remporte un franc succès auprès des enfants les soirs de shabbat.

POUR 4 PERSONNES

3 escalopes de poulet
30 g de farine
1 œuf
Panure
1 gros oignon blanc
1 poivron rouge
Huile neutre
(arachide ou pépins de raisin)
Sauce aigre-douce
Graines de sésame
Coriandre
Sel

Coupez le poulet en morceaux. Passez-les successivement dans la farine, puis dans l'œuf battu, puis dans la panure. Faites-les frire dans un bain de friture, jusqu'à l'obtention d'une belle coloration. Égouttez-les sur une feuille de papier absorbant et salez.

Parallèlement, coupez l'oignon en quartiers fins. Dans une poêle avec un filet d'huile, faites-le revenir avec le poivron lavé et émincé. Assaisonnez. Laissez colorer quelques minutes. Mélangez les légumes avec les beignets. Ajoutez la sauce aigre-douce et parsemez de graines de sésame et de feuilles de coriandre.

Salade de fruits rouges

À LA VANILLE

Cette recette de Perla est la petite sœur de sa *Salade de tomate et fraise* publiée dans son dernier livre, *Enjoy !*. Elle mélange astucieusement vanille et menthe avec les fruits rouges.

POUR 4 À 6 PERSONNES

500 g de fraises
200 g de groseilles
6 feuilles de menthe
½ cuillerée à café de vanille en poudre
Quelques gouttes de vinaigre balsamique

Rincez les fraises. Équeutez-les. Rincez les groseilles.

Dans un saladier, disposez les fruits rouges. Ajoutez les feuilles de menthe rincées. Parsemez de vanille en poudre. Laissez reposer la salade au frais avant de déguster.

Servez avec quelques gouttes de vinaigre balsamique.

Sacher Torte
Lekeh
Brownie
Strudel Pavot
Beigels & Pletzels
Pain au Cumin
Pain au Pavot
Pain Razowy
SÉCURISÉ PAR
oveo
0825 811 810

Passion pains

Le confinement de mars 2020 a révélé une explosion d'apprentis boulangers. La richesse des pains juifs – italiens ou ashkénazes, en passant par l'incontournable *hallah* – s'étend à toutes les régions. Grâce à un pas à pas, vous apprendrez vous aussi à confectionner et tresser votre *hallah* pour le bonheur de vos convives.

Les *hallot*

Les *hallot* (*hallah* au singulier) sont les pains iconiques de la cuisine juive. Ces pains tressés sacrés sont présents sur toutes les tables de shabbat. Ils réunissent toutes les cuisines ashkénazes et séfarades. Seule exception : la semaine de Pessah, le pain de shabbat est remplacé par de la *matsa* (pain azyme), consommée toute la semaine de la Pâque juive.

Le vendredi soir, on récite une prière sur deux *hallot* qui symbolisent les deux parts de la manne distribuée aux enfants d'Israël lors de leur exode hors d'Égypte. Les pains sont recouverts d'une serviette blanche, qui représente la rosée déposée sur la manne à l'aube.

Le tressage des *hallot* se fait traditionnellement à trois brins, mais de nombreux sites Internet (notamment Challah Prince) proposent des vidéos pour tresser des *hallot* à quatre ou six brins !

Pour Rosh Hashana, le Nouvel An juif, sont préparées des miches rondes qui symbolisent la continuité.

Ingrédients phares

Nigelle

Également appelée cumin noir, la nigelle est une plante aromatique de la famille des renonculacées. On consomme ses petites graines noires aux notes piquantes, poivrées. Elles sont utilisées dans la cuisine orientale pour relever les plats ou pour saupoudrer les *hallot* et autres pains avant cuisson, à la place des traditionnelles graines de sésame. Pensez d'ailleurs à préparer une *hallah* dont les brins alterneraient nigelle et sésame, pour un effet gustatif et graphique inédit.

Hallah

À LA NIGELLE OU AU SÉSAME

Plusieurs variétés de *hallot* peuvent être imaginées : la version classique saupoudrée de nigelle ou de sésame, la version sucrée à la cannelle, ou encore une version plus moderne avec du zaatar.

POUR 4 *HALLOT*

20 g de levure de boulanger (Briochin®)
2 cl d'eau (1)
1 cuillerée à café de sucre semoule pour activer la levure (1)
1 kg de farine T 45
100 g de sucre semoule (2)
20 g de sel
2 œufs
10 cl d'huile d'olive
15 cl d'eau (2)
Farine (pour le plan de travail)
Huile d'olive (pour le saladier)
Œuf (pour dorer)
Graines de nigelle ou de sésame, pavot...

Laissez mousser la levure dans l'eau (1) et le sucre (1) pendant 10 minutes environ. Dans la cuve d'un robot muni d'un crochet, mélangez la farine avec le sucre (2) et la levure. Ajoutez le sel, les œufs et l'huile d'olive, puis incorporez progressivement l'eau (2) en laissant tourner le robot jusqu'à ce que la pâte commence à se décoller des bords. Mixez à faible vitesse pendant 2 minutes, puis augmentez la vitesse du robot progressivement. Baissez la vitesse pour ajuster la pâte si nécessaire : si elle est trop liquide, ajoutez un peu de farine. Elle doit être légèrement collante, mais doit se décoller du bol. Laissez pétrir 7 minutes, la pâte doit former une boule lisse.

Sortez la pâte du robot, pétrissez-la un peu à la main avant de la déposer dans un saladier enduit d'un filet d'huile d'olive. Filmez le saladier et ajoutez un torchon, laissez reposer la pâte à température ambiante pendant 1 heure.

Ensuite, mettez-la au réfrigérateur pendant 1 heure environ afin qu'elle double de volume, toujours à couvert. Si vous préparez vos *hallot* le jeudi soir, vous pouvez laisser la pâte gonfler en bas de votre réfrigérateur toute la nuit.

Sortez le saladier du réfrigérateur 30 minutes environ avant utilisation. Farinez légèrement votre plan de travail. Aplatissez la pâte pour la dégazer, puis coupez-la en 12 morceaux de même taille pour faire 4 *hallot* à 3 brins. Tressez selon vos envies.

Déposez les *hallot* sur la plaque du four couverte de papier cuisson. Laissez reposer sous un torchon à température ambiante pendant 45 minutes.

Préchauffez le four à 180 °C.

Dorez les *hallot* à l'œuf dilué dans un peu d'eau à l'aide d'un pinceau. Parsemez le dessus des *hallot* de graines de nigelle. Mettez à cuire au four pendant 25 minutes jusqu'à l'obtention d'une belle coloration dorée.

Hallah

À LA CANNELLE

POUR 4 *HALLOT*

20 g de levure fraîche
2 cl d'eau (1)
1 cuillerée à café de sucre semoule pour activer la levure (1)
1 kg de farine T 45
100 g de sucre semoule (2)
20 g de sel
2 œufs
10 cl d'huile d'olive (1)
15 cl d'eau (2)
2 cuillerées à soupe de cannelle en poudre
2 cuillerées à soupe d'huile d'olive (2)
20 g de sucre roux
2 cuillerées à café de mélasse de grenade
Farine (pour le plan de travail)
Huile d'olive (pour le saladier)
Œuf (pour dorer)

Laissez mousser la levure dans l'eau (1) et le sucre (1) pendant 10 minutes environ. Dans la cuve d'un robot muni d'un crochet, mélangez la farine avec le sucre (2) et la levure. Ajoutez le sel, les œufs et l'huile d'olive, puis incorporez progressivement l'eau (2) en laissant tourner le robot jusqu'à ce que la pâte commence à se décoller des bords. Mixez à faible vitesse pendant 2 minutes, puis augmentez la vitesse du robot progressivement.

Baissez la vitesse pour ajuster la pâte si nécessaire : si elle est trop liquide, ajoutez un peu de farine. Elle doit être légèrement collante, mais doit se décoller du bol. Laissez pétrir 7 minutes, la pâte doit former une boule lisse.

Sortez la pâte du robot, pétrissez-la un peu à la main avant de la déposer dans un saladier enduit d'un filet d'huile d'olive. Filmez le saladier et ajoutez un torchon, laissez reposer la pâte à température ambiante pendant 1 heure.

Ensuite, mettez-la au réfrigérateur pendant 1 heure environ afin qu'elle double de volume, toujours à couvert. Si vous préparez vos *hallot* le jeudi soir, vous pouvez laisser la pâte gonfler en bas de votre réfrigérateur toute la nuit.

Sortez le saladier du réfrigérateur 30 minutes environ avant utilisation. Farinez légèrement votre plan de travail. Aplatissez la pâte pour la dégazer, puis coupez-la en 12 morceaux de même taille pour faire 4 *hallot* à 3 brins.

Dans un bol, mélangez la cannelle avec l'huile (2), le sucre roux et la mélasse de grenade. Ajoutez ce mélange dans 4 morceaux de pâte (pour parfumer uniquement le brin central de la *hallah*) ou dans tous les morceaux (pour parfumer tous les brins). Tressez selon vos envies.

Déposez les *hallot* sur la plaque du four couverte de papier cuisson. Laissez reposer sous un torchon à température ambiante pendant 45 minutes.

Préchauffez le four à 180 °C.

Dorez les *hallot* à l'œuf dilué dans un peu d'eau à l'aide d'un pinceau. Faites cuire au four pendant 25 minutes jusqu'à l'obtention d'une belle coloration dorée.

Pain italien

Ce pain était le pain préféré de mon père, car celui de la « sortie du désert », celui des « casse-croûte tunisiens », sandwichs traditionnels que l'on déguste après la Pâque juive chez les Tunisiens. On le garnit de thon, pommes de terre bouillies, câpres, salade méchouia, persil, olives et harissa diluée dans de l'huile comme chez *Bob de Tunis* (page 304). Ce pain est servi dans mon restaurant fétiche, *La Boule Rouge*, dans le centre de Paris, où l'on fêtait les événements (page 310).

POUR 3 PAINS ITALIENS

10 g de levure fraîche
1 cuillerée à café de sucre semoule
30 cl d'eau tiède
500 g de farine T 45
10 g de sel
25 g d'huile d'olive
Huile (pour le saladier)
Graines de nigelle

Dans un bol, mettez la levure, le sucre et 10 cl d'eau tiède. Laissez reposer pendant 15 minutes. Dans un saladier, mélangez ce levain avec la farine, puis ajoutez progressivement le sel, l'huile, l'eau restante en pétrissant jusqu'à ce que la pâte soit prête. Elle doit se décoller des bords.

Ajoutez 1 à 2 cuillerées de farine si la pâte est trop liquide ou un peu d'eau si elle est au contraire trop sèche. Pétrissez la pâte pendant 15 minutes à la main (ou pendant 5 à 7 minutes au robot, d'abord à faible vitesse pendant 2 minutes, puis à vitesse moyenne). La pâte obtenue doit être souple et légèrement collante.

Huilez légèrement un saladier, couvrez la pâte d'un film alimentaire et laissez-la pousser pendant 1 heure à 1 h 30, selon la chaleur de votre cuisine. La pâte doit doubler de volume.

Dégazez la pâte, pétrissez-la, puis coupez-la en 3 portions. Façonnez les pains, déposez-les sur une plaque recouverte de papier absorbant. Couvrez d'un torchon et laissez reposer dans un endroit chaud pendant 30 minutes.

Préchauffez le four à 200 °C et mettez une barquette en aluminium remplie d'eau dans le bas du four pour que la vapeur se diffuse. Badigeonnez les pains avec de l'eau à l'aide d'un pinceau, formez 2 ou 3 entailles profondes avec un couteau à la surface des pains. Parsemez-les de graines de nigelle. Mettez-les à cuire au four à 190 °C pendant 25 minutes environ.

Pitas

La pita est un petit pain rond, présent dans plusieurs pays du Moyen-Orient. Elle est souvent utilisée comme base pour les sandwiches aux falafels, et elle est indispensable pour déguster des entrées comme le houmous. Miznon, sandwicherie israélienne née de l'esprit créatif du chef Eyal Shani à la tête de deux restaurants à Paris, utilise des pitas pour tous ses sandwichs, du kebab d'agneau au bœuf bourguignon.

POUR 8 PITAS

10 g de levure fraîche
1 cuillerée à café de sucre semoule
3 cl d'eau
400 g de farine
100 g de farine complète
10 g de sel
1 cuillerée à soupe de cassonade
2 cuillerées à soupe d'huile d'olive
Huile (pour le saladier)

Mélangez la levure avec le sucre dans 1 cl d'eau tiède. Laissez reposer pendant 5 à 10 minutes jusqu'à ce que le mélange mousse.

Dans la cuve d'un batteur muni du crochet, mélangez les farines avec le sel et l'eau restante. Ajoutez la cassonade. Vous pouvez évidemment pétrir la pâte à la main, si vous n'avez pas de batteur.

Versez la levure diluée ainsi que l'huile d'olive et pétrissez pendant quelques minutes en ajoutant progressivement l'eau. Si la pâte est trop ferme, ajoutez 1 cuillerée à soupe d'eau. Si au contraire, elle est trop collante, ajoutez un peu de farine. La pâte obtenue doit être souple et lisse.

Huilez un saladier, posez la pâte, couvrez d'un torchon et laissez-la pousser pendant 2 heures environ.

Divisez la pâte en 8 portions. Étalez chaque pâton et formez des cercles plats de 8 à 10 cm de diamètre à l'aide d'un rouleau à pâtisserie.

Laissez-les reposer sur une plaque, toujours sous un torchon, pendant 30 minutes. Mettez les pitas à cuire au four à 210 °C pendant 5 à 8 minutes.

Le flatbread
AU ZAATAR

Cette recette vient de Jamie Geller, qui est à la fois chef, auteure de livres de cuisine à succès et productrice d'émissions culinaires. Cette talentueuse femme d'affaires israélo-américaine délivre des recettes cacher sur son compte Instagram, Jewlish by Jamie. Elle nous fait ici l'amitié de publier une de nos recettes préférées, son « pain plat » au zaatar.

POUR 4 PERSONNES

2 cuillerées à café de levure sèche
38 cl d'eau tiède à 30 °C
12 cl d'huile d'olive extra-vierge
250 g de farine T 45
1 cuillerée à café de sel fin
60 g de zaatar
Huile d'olive (pour le saladier, la plaque du four et la cuisson)
Sauce tehina (facultatif)

Dans la cuve d'un batteur muni du fouet, mélangez la levure dans l'eau tiède. Laissez mousser le mélange pendant 10 minutes environ. Attention ! l'eau ne doit pas être trop chaude, sinon elle tuerait la levure. Remplacez le fouet du batteur par le crochet. Versez dans la cuve la moitié de l'huile, puis la farine et une demi-cuillerée à café de sel. Mélangez en première vitesse pour bien incorporer la farine et former une pâte. Augmentez la vitesse et laissez pétrir la pâte à vitesse moyenne pendant 7 à 8 minutes en ajoutant progressivement le reste d'huile. La pâte doit être collante au toucher et rester accrochée au crochet en un seul morceau.

Huilez légèrement un saladier, déposez la pâte, couvrez d'un film alimentaire, puis placez au frais pendant 2 heures minimum (ou toute la nuit). La pâte doit doubler de volume.

2 heures environ avant la cuisson, badigeonnez la plaque du four de 2 cuillerées à soupe d'huile d'olive. Déposez la pâte et laissez-la reposer à température ambiante pendant 1 h 30 environ.

Étalez la pâte avec les mains sur la plaque. Étirez-la et tirez-la dans les coins pour obtenir un grand rectangle. Formez des petites « fossettes » dans la pâte du bout du doigt (pour créer des creux dans lesquels se mettront l'huile et le zaatar). Badigeonnez la pâte de 2 cuillerées à soupe d'huile avec un pinceau. Saupoudrez uniformément la pâte de zaatar, puis saupoudrez le pain avec le sel restant. Laissez reposer la pâte pendant 20 à 30 minutes à découvert et à température ambiante.

Mettez-la à cuire au four à 190 °C pendant 15 à 20 minutes jusqu'à ce que les bords soient dorés et qu'elle soit complètement cuite au centre.

Servez le pain chaud tiède ou froid, taillé en quartiers avec de la sauce tehina (page 152).

Ingrédients phares

Zaatar

Le zaatar, qui s'écrit aussi parfois *za'atar*, est un mot d'origine perse signifiant « thym ». Il s'agit d'un savoureux mélange d'épices du Moyen-Orient, à base de thym, de graines de sésame grillées et de sumac, auquel on ajoute parfois un peu de sel. Il peut aussi contenir de l'origan, de la marjolaine ou de la menthe selon les recettes. Ingrédient phare de la cuisine moyen-orientale, on le retrouve souvent en assaisonnement de salades ou de légumes, notamment sur du houmous, du caviar d'aubergine ou du chou-fleur rôti (page 165). Ce mélange d'épices, facile à utiliser, se consomme aussi bien cru que cuit, selon vos goûts et vos recettes. Pensez, par exemple, à faire mariner vos viandes ou vos poissons en les badigeonnant d'huile d'olive mélangée à du zaatar.

Pain kesra
DE PERLA

Ce pain est celui que la mère de Perla confectionnait dans leur petite cuisine « sans gazinière, ni réfrigérateur » lorsqu'elle était enfant. Il est un peu sa madeleine de Proust… « Aujourd'hui encore, je ne connais pas d'odeur plus exquise, chargée de sens et de souvenirs. J'arrivais à la maison en même temps que le pain, pour me délecter d'un morceau tout chaud, avec un peu de chocolat ou de miel. C'était mon premier aliment-joie. »

POUR 1 PAIN (4 À 6 PERSONNES)

250 g de farine blanche bio
100 g de farine complète bio
1 cuillerée à café de sel marin
1 cuillerée à soupe de sucre semoule
10 g de levure de boulanger fraîche (ou 1 sachet de levure Briochin®)
20 cl d'eau tiède
2 cuillerées à soupe d'huile d'olive
2 cuillerées à soupe de graines de sésame (ou de lin torréfié)
Quelques grains d'anis (facultatif)
Huile (pour le moule)

Préparez la pâte : versez les farines, le sel, le sucre et la levure émiettée dans le bol du robot (ou un grand cul-de-poule), mélangez rapidement. Versez l'eau juste tiède et malaxez (à la main ou avec le bras pétrisseur du robot) pendant 5 minutes. Ajoutez l'huile d'olive et les graines. Pétrissez encore quelques minutes. Retirez la pâte du bol et posez-la sur un plan de travail parfaitement sec. Façonnez la pâte pour former une boule lisse, et aplatissez-la avec la paume pour obtenir un pain rond de 20 cm de diamètre environ. Piquez le centre avec une fourchette, d'un coup vif, cinq fois sur toute l'épaisseur. Saupoudrez la pâte d'un peu de farine et déposez-la dans un moule à manqué de 24 cm de diamètre, légèrement huilé. Recouvrez d'un linge propre et laissez reposer à l'abri des courants d'air pendant 45 minutes.

15 minutes avant la fin du temps de repos, préchauffez le four à 200 °C (chaleur tournante). Enfournez pour 25 minutes. Profitez du parfum pendant la cuisson. Placez le pain sur une grille à pâtisserie pour qu'il tiédisse. Dégustez.

Galette iranienne

Une mie moelleuse, une croûte salée, épicée, chargée d'huile d'olive… cette recette inspirée par Sabrina Ghayour est irrésistible. Testez-la avec du houmous ou du caviar d'aubergine (pages 150 et 149).

POUR 1 GRANDE GALETTE

125 g de crème de soja
½ citron
15 cl d'eau froide
10 cl d'eau bouillante
3 cuillerées à café de fleur de sel
2 cuillerées à café de sucre semoule
1 sachet de levure sèche de boulanger
550 g de farine
3 cuillerées à soupe de graines de cumin
1 cuillerée à soupe de coriandre en poudre
1 cuillerée à soupe de menthe séchée
1 cuillerée à café de flocons de piment rouge séché
20 cl d'huile d'olive
4 brins de thym
1 cuillerée à café de nigelle
1 cuillerée à café de sumac

Dans un saladier, mélangez la crème de soja et le jus de citron avec l'eau froide et l'eau bouillante. Ajoutez la fleur de sel, le sucre et la levure, puis incorporez la farine, 2 cuillerées à soupe de graines de cumin, ainsi que la coriandre en poudre, la menthe séchée et les flocons de piment.

Mélangez bien le tout pour former une boule. Couvrez le saladier d'un film alimentaire et laissez la pâte reposer pendant 10 minutes dans un endroit chaud.

Recouvrez un grand plat ou la plaque du four de papier sulfurisé et posez la pâte dedans. Étirez-la pour qu'elle recouvre la surface du plat. Réalisez des trous avec vos doigts en essayant de ne pas percer la pâte. Couvrez d'un film alimentaire et laissez reposer pendant 2 heures environ.

Préchauffez le four à 200 °C. Retirez le film et badigeonnez la galette d'huile d'olive à l'aide d'un pinceau en prenant soin d'en mettre dans les trous de la pâte. Saupoudrez la galette de fleur de sel, de thym, de nigelle, de sumac et du cumin restant.

Faites cuire au four sur la grille supérieure pendant 25 à 30 minutes environ jusqu'à ce que le dessus soit bien doré.

Galettes à l'anis

ZRADOCKS

Voici une recette dont ma mère a le secret. Enfant, je la voyais former de petits trous dans la pâte avec un dé à coudre pour donner du relief à ces galettes qu'elle préparait pour Pourim. Elle a changé depuis pour une fourchette…

POUR 4 À 6 PERSONNES

1 ½ verre d'eau tiède (à ajuster en fonction de la consistance)
1 carré de levure de bière
1 cuillerée à soupe de sucre semoule
500 g de farine
2 cuillerées à soupe d'huile d'olive
2 cuillerées à café de sel
1 cuillerée à café de graines d'anis

Dans un bol, mettez 1 verre d'eau tiède avec la levure de bière, le sucre et 2 cuillerées à soupe de farine. Mélangez, couvrez et laissez mousser pendant 20 minutes dans un endroit chaud de la cuisine.

Dans un saladier, versez la farine. Ajoutez la levure diluée, l'huile, le sel et les graines d'anis. Versez progressivement le demi-verre d'eau tiède restant.

Formez une boule, pétrissez à la main pendant 10 minutes. Laissez reposer à température ambiante pendant 15 minutes sous un torchon.

Pétrissez de nouveau la pâte, puis coupez-la en plusieurs petites boules. Façonnez de fines galettes à l'aide d'un rouleau à pâtisserie.

Striez-les avec la pointe d'une fourchette ou dessinez des ronds avec un dé à coudre. Posez-les sur la plaque du four recouverte de papier sulfurisé.

Mettez à cuire au four à 180 °C pendant 25 minutes environ.

Les bagels

Pourquoi ne pas s'essayer aux bagels maison ? Lancez-vous dans cette recette de Florence Kahn… Pour les nostalgiques de NYC, et les plus audacieux, vous pouvez façonner votre bagel avant de l'enfourner. Pour cela, trempez-le dans une casserole d'eau bouillante 30 secondes de chaque côté, et apposez ensuite le jaune d'œuf et le pavot, ou toute autre graine que vous aimez, pour davantage de croquant !

POUR ENVIRON 10 BAGELS

1 kg de farine
100 g de sucre semoule
7 cuillerées à soupe d'huile de tournesol
2 œufs
+ 1 œuf pour dorer
15 g de sel
3 cuillerées à soupe d'eau tiède
40 g de levure fraîche
Herbes ou graines selon vos goûts (nigelle, graines de sésame, romarin, oignon…)

Diluez la levure en petits morceaux dans un peu d'eau tiède.

Dans la cuve d'un robot muni du crochet, mélangez tous les ingrédients, à l'exception de la levure, de l'œuf pour dorer et des graines ou herbes.

Mélangez pendant 5 minutes à la 1re vitesse, puis ajoutez la levure et augmentez la vitesse du robot. Laissez tourner pendant 7 minutes. Laissez reposer la pâte 1 heure sous un torchon à température ambiante.

Divisez la pâte obtenue en une dizaine de morceaux de taille égale. Roulez chaque morceau en un boudin de 25 cm de long environ.

Formez un cercle avec chaque boudin en le twistant sur lui-même pour lui donner une forme.

Préchauffez le four à 190 °C. Badigeonnez vos bagels d'œuf battu et plongez-les dans les graines de votre choix (ou laissez-les nature).

Posez-les sur la plaque du four recouverte de papier sulfurisé, et faites cuire pendant 22 minutes, jusqu'à les voir bien dorés.

La mouna

Cette brioche à base d'eau de fleur d'oranger et d'agrumes est notamment dégustée par les Séfarades pour rompre le jeûne de Kippour ou la mimouna de Pessah.

POUR 4 PERSONNES

1 sachet de levure de boulanger
1 citron non traité
5 œufs
+ 1 œuf pour badigeonner
50 g de fécule de maïs
500 g de farine
125 g de sucre semoule
½ sachet de sucre vanillé
12 cl d'huile neutre
1 cuillerée à soupe d'eau de fleur d'oranger

Dans un bol, diluez la levure dans un peu d'eau. Râpez le zeste du citron. Dans un saladier, mélangez 5 œufs à l'aide d'un fouet, puis ajoutez la fécule.

Dans la cuve d'un batteur muni du crochet, versez la farine, le sucre, le sucre vanillé, les zestes de citron, l'huile, l'eau de fleur d'oranger et la levure diluée.

Incorporez progressivement les œufs battus à la fécule. Pétrissez la pâte pendant 10 minutes environ.

Filmez la cuve d'un batteur, puis laissez reposer la pâte pendant 2 heures environ dans un endroit chaud.

Dégazez la pâte. Laissez reposer pendant 2 heures. Dégazez à nouveau.

Répétez cette opération de repos et de dégazage une dernière fois.

Divisez la pâte en 4 morceaux. Disposez-les sur la plaque du four recouverte de papier sulfurisé. Badigeonnez d'œuf battu avec un pinceau. Faites cuire au four à 180 °C pendant 40 minutes environ.

16
Boulangerie Patisserie
Boulangerie
MURCIANO
Pâtisserie

Pâtisseries

La pâtisserie juive recèle de merveilles… Nous vous proposons ici une sélection « spéciale fêtes ». Alors que la *cacherout* interdit de mélanger une pâtisserie au beurre avec un repas à la viande, nous n'avons pas résisté à inclure deux pâtisseries, que l'on réservera pour un autre jour que le vendredi soir, à base de produits laitiers : la babka et le cheesecake.

Manicotti
TUNISIENS

Cette recette de gâteaux au « miel maison » (sirop de sucre) est particulièrement délicate à réaliser, mais elle fait la joie de tous à Pourim.

POUR 4 PERSONNES

3 verres d'eau
350 g de sucre semoule
1 citron
200 g de farine
2 œufs
1 blanc d'œuf
Fécule de maïs
Huile de friture

Dans une casserole, faites le sirop. Portez à ébullition l'eau et le sucre pendant 20 minutes. Ajoutez le jus d'un demi-citron et l'autre moitié coupée en rondelles. Poursuivez la cuisson pendant 10 minutes à feu moyen.

Dans un saladier, mélangez la farine, les œufs entiers et pétrissez pendant 5 minutes jusqu'à l'obtention d'une une pâte lisse et consistante. Partagez-la en 5 boules, avant de les envelopper dans un torchon.

Étalez chaque boule en une couche la plus fine possible, quasi transparente, à l'aide d'un rouleau à pâtisserie. Parsemez-les de fécule de maïs, pour aider à les affiner.

Coupez les abaisses en longues bandes de 4 cm de large, pliez-les en deux, puis déposez-les sur un torchon. Recouvrez-les d'un autre torchon pour les empêcher de sécher.

Versez l'huile dans la friteuse à feu moyen. Prenez une bande, enroulez-la sur elle-même autour de la dent d'une fourchette de façon assez lâche pour former comme une rose.

Collez l'extrémité avec le blanc d'œuf et plongez la rose dans l'huile. Retournez-la de tous les côtés et sortez-la lorsqu'elle est à peine dorée. Égouttez-la et déposez-la dans un saladier recouvert de papier absorbant.

Répétez l'opération pour toutes les bandes de pâte. Laissez refroidir, puis plongez les roses une à une dans le sirop. Imbibez-les de tous les côtés et dressez-les sur un plat de présentation.

Gâteau aux pommes

On célèbre le Nouvel An juif (Rosh Hashana, la « tête de l'année ») avec des douceurs, dont le miel et la pomme qui font partie des ingrédients indispensables pour les prières du début de cette fête.

POUR 4 À 6 PERSONNES

2 citrons jaunes
4 pommes acides ou douces selon vos goûts
4 œufs
150 g de sucre semoule
150 g de farine
1 belle cuillerée à café de cannelle en poudre
2 cuillerées à soupe d'huile végétale
Huile pour le moule
Sucre glace
Sel

Pressez les citrons et récupérez le jus. Épluchez les pommes et coupez-les en lamelles. Mettez-les dans un saladier rempli d'eau avec un peu de jus de citron pour les empêcher de noircir.

Séparez les blancs des jaunes d'œufs. Dans un saladier, mélangez les jaunes d'œufs avec le sucre à l'aide d'un fouet. Gardez 1 cuillerée à soupe de sucre pour la fin. Ajoutez le reste du jus de citron, puis la farine. Fouettez énergiquement. Montez les blancs en neige avec une pincée de sel. Ajoutez-les dans la préparation et mélangez délicatement sans les casser à l'aide d'une Maryse.

Versez la moitié de la pâte dans un moule huilé de 25 cm de diamètre environ. Placez une couche de lamelles de pomme, puis recouvrez avec le reste de pâte.

Déposez les lamelles de pomme en rosace sur le dessus. Badigeonnez-les d'huile avec un pinceau, puis saupoudrez de cannelle et de 1 cuillerée à soupe de sucre.

Mettez à cuire au four à 180 °C pendant 40 à 45 minutes environ.

Laissez refroidir, puis parsemez le gâteau de sucre glace (éventuellement mélangé avec de la cannelle pour ceux qui aiment).

Makrouds

Les *makrouds* se préparent dans les cuisines, la veille des fêtes religieuses, Rosh Hashana, Pourim, anniversaires, mariages...

POUR 4 PERSONNES

Pour les makrouds
250 g de pâte de dattes
1 orange non traitée
1 sachet de sucre vanillé
1 cuillerée à café de cannelle en poudre
500 g de semoule fine
2 poignées de farine
1 cuillerée à café de bicarbonate de soude
12 cl d'huile neutre (pépins de raisin ou arachide)
50 g de pistaches grillées hachées très finement
Poudre d'amandes
Farine (pour le plan de travail)
Huile de friture

Pour le sirop
1 grosse orange coupée en 5 tranches
1 citron coupé en 5 tranches
250 g de sucre semoule
1 sachet de sucre vanillé
Le jus de ½ citron

La veille, préparez les *makrouds* : faites cuire la pâte de dattes à la vapeur pendant 20 minutes environ, ajoutez le zeste de l'orange, le sucre vanillé et la cannelle. Mélangez bien. Dans une poêle, faites chauffer à feu moyen la semoule, la farine et le bicarbonate. Remuez sans arrêt pendant 10 minutes. Mettez la semoule dorée dans un saladier. Versez l'huile très chaude par-dessus et versez un filet d'eau chaude jusqu'à l'obtention d'une pâte. Pétrissez la pâte sur le plan de travail fariné pour qu'elle soit élastique. Couvrez-la d'un linge humide et laissez-la reposer pendant 1 heure environ.

Sur le plan de travail, coupez un quart de la pâte. Étalez-la en un rectangle et déposez au centre un quart de la farce de dattes. Recouvrez le tout d'une couche de poudre d'amandes. Roulez délicatement ce rectangle en un boudin. Recouvrez d'un linge humide. Répétez l'opération avec le reste de la pâte et des dattes. Coupez tous les boudins en petits tronçons. Disposez les makrouds sur un plat et laissez reposer au frais toute une nuit.

Le lendemain, préparez le sirop dans une casserole, mettez l'orange et le citron coupés en rondelles avec le sucre, le sucre vanillé et le jus de citron. Laissez cuire à feu très doux pendant 45 minutes.

Dans une casserole, faites chauffer l'huile de friture à feu moyen. Plongez les *makrouds*, laissez-les dorer et mettez-les dans une passoire tapissée de papier absorbant. Laissez reposer 30 minutes.

Prenez les *makrouds* un à un et roulez-les à nouveau dans du papier absorbant. Laissez reposer 30 minutes. Plongez-les dans le sirop, déposez-les dans un plat de service. Une fois refroidis, saupoudrez-les de pistaches finement hachées.

Strudel aux pommes

DE FLORENCE KAHN

Un véritable délice sucré ! Florence Kahn, femme inspirante à la tête d'une boutique traiteur ashkénaze rue des Rosiers, à Paris, nous dévoile sa recette.

POUR 8 PERSONNES

1 kg de farine
30 cl d'eau
5 œufs
12 cl d'huile de tournesol
200 g de sucre semoule (1)
4 pommes
40 g de miettes de *hallah*
½ citron
5 cuillerées à soupe de sucre semoule (2)
Œuf (pour la dorure)

Dans la cuve d'un batteur muni de la feuille, mélangez à 1re vitesse la farine avec l'eau, les œufs et l'huile. Ajoutez les 200 g de sucre (1), augmentez la vitesse du batteur et pétrissez la pâte jusqu'à ce qu'elle devienne un peu chaude et qu'elle colle à la cuve.

Formez une boule avec la pâte, mettez-la dans un plat recouvert d'un film transparent. Placez au frais pendant 1 heure minimum.

Pendant ce temps, épluchez les pommes et coupez-les en dés. Mettez-les dans un saladier avec les miettes de *hallah*, le jus et le zeste du demi-citron. Ajoutez les 5 cuillerées à soupe de sucre (2).

Sur le plan de travail recouvert d'un torchon, posez la boule de pâte au centre. Étalez-la finement avec un rouleau à pâtisserie en une couche de 1 à 2 mm d'épaisseur. Étirez-la au maximum et posez des poids à chaque coin, car la pâte est très élastique.

Répartissez les dés de pomme sur la pâte en démarrant à 2 cm des bords. Roulez la pâte sur elle-même avec sa garniture. Aidez-vous du torchon car cette pâte est très délicate et se casse facilement.

Placez le strudel sur la plaque du four recouverte d'une feuille de papier sulfurisé. Badigeonnez-le d'œuf battu à l'aide d'un pinceau pour qu'il dore bien à la cuisson. Enfournez à 180 °C pour 45 minutes environ.

Macarons aux amandes

Cette recette de Florence Kahn, sans farine, peut se préparer pour Pessah. Pensez à réaliser la pâte d'amandes 5 jours à l'avance pour que les amandes développent leur parfum.

POUR 30 MACARONS ENVIRON

500 g d'amandes mondées
50 g de citron
460 g de sucre semoule
3 blancs d'œufs + 1 blanc d'œuf pour ramollir la pâte
Cerises confites (facultatif)

Préparez la pâte d'amandes : mixez le citron entier et ajoutez-le aux amandes.

Dans un saladier, mélangez les amandes et le citron mixé avec le sucre. Ajoutez progressivement les 3 blancs d'œufs. Mélangez bien, puis laissez reposer la pâte d'amandes au frais pendant 5 jours minimum.

À la fin du temps de repos, préchauffez le four à 190 °C.

Ajoutez un peu de blanc d'œuf dans la pâte d'amandes pour éviter que les macarons ne soient trop fermes.

Sur la plaque du four recouverte d'une feuille de papier sulfurisé, pochez les macarons à l'aide d'une poche munie d'une douille unie ou cannelée. Enfournez pour 10 à 12 minutes environ.

Déposez une cerise confite au centre des macarons.

Montecaos

Ces délicieux biscuits, aussi appelés *ghribia* en Algérie, *ghriyba* au Maroc et *ghraïba* en Tunisie, sont parfumés de notes de cannelle et de sucre vanillé. Ils sont particulièrement friables en bouche, et les enfants en raffolent pour Pourim.

POUR UNE TRENTAINE DE MONTECAOS

1 kg de farine
50 cl d'huile de pépins de raisin (ou de tournesol)
200 g de sucre semoule
2 paquets de sucre vanillé
100 g de cacao en poudre
Cannelle en poudre

Préchauffez le four à 190 °C.

Mélangez tous les ingrédients, sauf le cacao et la cannelle, avec les mains et formez des petites boules. Séparez le mélange en deux et versez le cacao dans un bol. Plongez la moitié des montecaos dans le cacao. Parsemez le tout de cannelle en poudre.

Mettez à cuire au four à 190 °C pendant environ 20 minutes, retirez-les du four dès qu'ils commencent à craqueler.

Boulous

Avec ses notes d'amandes et d'eau de fleur d'oranger, le *boulou* est le gâteau par excellence des tables de Kippour chez les Juifs tunisiens. Il s'apprécie avec une citronnade bien fraîche à l'issue du jeûne.

POUR 2 OU 3 BOULOUS

100 g d'amandes concassées (ou de pistaches)
30 g de graines de sésame
500 g de farine
150 g de sucre semoule
2 sachets de sucre vanillé
1 sachet de levure chimique
1 pincée de sel
2 œufs + 1 œuf pour badigeonner
½ verre d'huile végétale
2 cuillerées à soupe d'eau de fleur d'oranger
Le zeste de 1 orange
70 g de raisins secs
1 bol d'eau tiède (ou de thé)
Graines de sésame torréfiées

Dans une poêle antiadhésive sans matière grasse, faites torréfier séparément les amandes concassées et les graines de sésame 1 à 2 minutes.

Dans un saladier, mélangez la farine, les sucres, la levure et le sel. Ajoutez 2 œufs, l'huile et l'eau de fleur d'oranger. Râpez le zeste de l'orange et mélangez bien jusqu'à l'obtention d'une pâte lisse et collante. Pétrissez 2 minutes à la main pour former un pain. Couvrez d'un torchon et laissez reposer pendant 15 minutes environ.

Faites tremper les raisins secs dans un bol d'eau tiède (ou de thé) pendant 10 minutes environ, pour les réhydrater.

Préchauffez le four à 190 °C. Ajoutez les amandes et les raisins secs. Formez 2 ou 3 *boulous* plus ou moins gros selon vos goûts. Badigeonnez-les d'œuf battu délayé dans de l'eau et parsemez de graines de sésame torréfiées.

Disposez-les sur la plaque du four recouverte de papier sulfurisé. Enfournez pour 30 minutes environ, jusqu'à ce qu'ils soient dorés.

Caques

& CONFITURE DE COINGS

Les *caques*, ces petits bracelets sucrés, côtoient sur les tables le *boulou*, le *bescoutou* et la confiture de coings le soir de la fin du jeûne de Yom Kippour. C'est un biscuit simple, qui accompagne le café, la limonade et l'orgeat. On le sert avec de la confiture de coings. Le coing, symbole de Kippour, était enroulé pendant quelques jours dans un mouchoir contenant des clous de girofle, le tout parfumé à l'eau de Cologne. Ce coing odorant, que l'on respirait dans le mouchoir, aidait à supporter le jeûne de Kippour.

POUR 6 À 8 PERSONNES

Les caques

600 g de farine
2 sachets de levure chimique
1 orange non traitée
4 œufs
1 verre de sucre semoule
2 sachets de sucre vanillé
1 verre d'huile neutre (pépins de raisin ou tournesol)
1 pincée de sel
Graines de sésame

Tapissez 2 plaques de papier sulfurisé.

Dans un saladier, mélangez la farine et la levure. Râpez le zeste de l'orange, puis ajoutez les œufs, le sucre, le sucre vanillé, le sel et l'huile.

Mélangez bien jusqu'à l'obtention d'une pâte homogène. Pétrissez-la pendant 5 minutes, puis détaillez-la en morceaux. Roulez chaque morceau en un boudin de 2 cm environ d'épaisseur. Coupez des tronçons tous les 10 cm et formez chaque brin en un petit cercle. Disposez-les sur les plaques de cuisson. Farinez-les légèrement, puis décorez-en la moitié de graines de sésame.

Enfournez à 180 °C pour 25 minutes environ. (Ils doivent être cuits, mais quasiment pas dorés.) Les caques se conservent très bien dans une boîte hermétique.

La confiture de coings

1 kg de coings
700 g de sucre semoule
Le jus de 1 citron
2 anis étoilés (badiane)
1 bâton de cannelle
4 clous de girofle
2 compresses de 10 cm de côté

Épluchez les coings, ôtez les pépins, puis coupez-les en lamelles. Mettez la cannelle, les anis étoilés et les clous de girofle dans une compresse bien fermée. Dans l'autre compresse, mettez les pépins et les épluchures des coings.

Placez les compresses dans une grande casserole et déposez-y les coings. Ajoutez le jus de citron et le sucre. Mouillez à hauteur avec de l'eau.

Laissez mijoter le tout à découvert et à feu doux 1 heure environ. Stoppez la cuisson quand le sirop est épais.

Croquants

AUX AMANDES

Ces croquants aux amandes sont servis à l'heure du dessert sur les tables de shabbat. On peut remplacer le zeste d'orange par un zeste de citron pour varier les plaisirs. Il est aussi possible d'ajouter du cacao en poudre pour une version chocolatée.

POUR UNE TRENTAINE DE CROQUANTS

250 g de sucre semoule
2 sachets de sucre vanillé
4 œufs
800 g de farine
(ou pendant Pessah : 300 g de poudre d'amandes, 150 g de farine de matsa, 200 g de fécule de pomme de terre et 10 g de bicarbonate de soude)
2 sachets de levure chimique
1 petite orange
1 cuillerée à soupe d'eau de fleur d'oranger
15 cl d'huile neutre
100 g d'amandes (ou de pistaches)

Fouettez le sucre semoule, le sucre vanillé et les œufs jusqu'à ce que le mélange blanchisse. Ajoutez progressivement la farine et la levure et travaillez la pâte avec les mains. Elle doit devenir souple. Ajoutez le jus de l'orange, ainsi que ses zestes râpés. Versez l'eau de fleur d'oranger et l'huile.

Dans une poêle à sec, poêlez les amandes quelques instants pour les torréfier. Ajoutez-les au mélange précédent, puis formez un boudin. Filmez et laissez reposer au réfrigérateur pendant 30 minutes environ.

Préchauffez le four à 180 °C.

Enfournez la pâte pour 30 minutes. Taillez le boudin en tranches afin d'obtenir les croquants, et remettez-les à dorer au four, sur les tranches, pendant 10 minutes environ.

Bescoutou

Appelé aussi *besoutou*, ce gâteau originaire de Salonique est une génoise moelleuse. Très facile à réaliser, elle se prépare pour Pessah sans farine, avec de la poudre d'amandes et de la fécule de pomme de terre. Une recette idéale pour faire plaisir aux enfants.

POUR 4 PERSONNES

½ orange non traitée
7 œufs
200 g de sucre
150 g de farine
80 g d'huile de tournesol
¼ de cuillerée à café d'extrait d'amande amère
Sel
Huile pour le moule

Préchauffez le four à 180 °C.

Râpez le zeste d'orange et pressez le jus. Séparez les blancs des jaunes d'œufs.

Montez les blancs avec 100 g de sucre et une pincée de sel jusqu'à ce qu'ils soient fermes.

Dans la cuve d'un batteur muni d'un fouet, mélangez les jaunes avec le sucre restant. Ajoutez le jus d'orange, les zestes et l'extrait d'amande amère. Continuez de battre jusqu'à ce que la préparation soit mousseuse. Ajoutez l'huile et continuez de battre.

Ajoutez petit à petit la farine en mélangeant bien, puis incorporez délicatement les blancs montés en neige à la spatule.

Enfournez pour 30 minutes environ. N'ouvrez pas le four en cours de cuisson au risque de faire retomber le gâteau. Le bescoutou est cuit quand il est élastique sous le doigt. Laissez refroidir.

Arissa

GÂTEAU DE SEMOULE

Les Séfarades préparent ce gâteau pour la rupture du jeûne de Yom Kippour, en plus des caques, du boulou et de la fameuse citronnade (*limonana*, page 298). Il est certes roboratif mais a un goût inimitable et addictif !

POUR 4 À 6 PERSONNES

Pour le gâteau
5 œufs
150 g de sucre semoule
1 sachet de sucre vanillé
4 gouttes d'extrait d'amande amère
1 orange non traitée
2 cuillerées à soupe d'eau de fleur d'oranger
250 g de semoule fine
1 pincée de sel
1 sachet de levure chimique
500 g de poudre d'amandes
1 verre de jus d'orange
50 g de pistaches grillées
Huile (pour le moule)

Pour le sirop
250 g de sucre semoule
1 sachet de sucre vanillé
Le jus de ¼ de citron
1 citron non traité
1 orange non traitée
4 verres d'eau

Préchauffez le four à 200 °C.

Dans un saladier, mélangez à l'aide d'un fouet les œufs avec le sucre, le sucre vanillé, l'extrait d'amande amère, les zestes de l'orange et l'eau de fleur d'oranger.

Ajoutez progressivement la semoule, la pincée de sel, la levure et la poudre d'amandes. Versez le verre de jus d'orange si la pâte est trop épaisse.

Huilez un moule rectangulaire. Versez la préparation. Faites cuire au four à 180 °C pendant 30 minutes environ.

Pendant ce temps, préparez le sirop : dans une casserole, mettez le sucre et le sucre vanillé avec le jus de citron, le citron et l'orange coupés en 4 et l'eau. Portez à ébullition, puis laissez cuire à feu doux pendant 45 minutes.

À la sortie du four, coupez le gâteau en carrés en le laissant dans le moule. Arrosez-le de sirop très chaud, laissez refroidir, puis décorez de pistaches finement hachées.

La babka trop bonne
D'ONEG PARIS

Diane a créé Oneg Paris, une pâtisserie sur-mesure. Ses desserts sont d'une folle gourmandise… Voici sa babka garnie de pâte à tartiner aux noisettes. Une merveille pour le petit déjeuner du samedi.

POUR 6 PERSONNES

180 g de lait entier tiède
60 g de sucre semoule
1 gousse de vanille
20 g de levure fraîche
2 œufs
450 g de farine T 45
8 g de sel
60 g de beurre mou
200 g de pâte à tartiner aux noisettes
50 g d'eau
50 g de sucre semoule

Dans un saladier, mélangez le lait tiède avec le sucre, les grains de la gousse de vanille et la levure jusqu'à dissolution. Laissez mousser quelques minutes. Ajoutez 1 œuf préalablement battu et mélangez. Incorporez la farine et le sel. Amalgamez la pâte à la main jusqu'à l'obtention d'une boule homogène. Ajoutez progressivement le beurre pommade coupé en cubes. Pétrissez la pâte quelques minutes, puis formez une boule. Placez-la dans un saladier, couvrez-la d'un torchon, puis laissez pousser pendant 1 à 2 heures.

Dégazez la pâte et étalez-la avec un rouleau. Formez un grand rectangle. Étalez de la pâte à tartiner sur toute la surface. Roulez progressivement en un boudin. Pincez les extrémités, puis coupez le tout en 2 parties égales dans le sens de la longueur. Disposez les 2 parties obtenues l'une sur l'autre en croix, puis twistez jusqu'aux extrémités, pour obtenir un rendu tressé.

Placez la tresse dans un moule beurré, couvrez et laissez pousser pendant 45 minutes couvert d'un torchon.

Dorez la babka avec l'œuf restant battu à l'aide d'un pinceau. Faites cuire au four à 180 °C pendant 30 minutes en retournant la plaque à mi-cuisson.

Dans une casserole, portez l'eau à ébullition avec le sucre pour faire un sirop. À l'aide d'un pinceau, badigeonnez la babka avec le sirop. Laissez refroidir avant de la couper et de la déguster.

Cheesecake aux fruits rouges

Voici une recette qui revisite le classique cheesecake de Chavouot. C'est Diane de chez Oneg Paris qui vous la dévoile. À tester de toute urgence ! Comme toutes les pâtisseries à base de produits lactés, celle-ci sera réservée pour les goûters ou les repas sans viande.

POUR 6 PERSONNES

60 g de beurre
200 g de biscuits (petits-beurre ou autre)
3 œufs
600 g de fromage frais (Philadelphia®)
200 g de crème fraîche épaisse
180 g de sucre semoule
1 gousse de vanille
1 cuillerée à café de cannelle en poudre
1 pincée de sel
Fruits rouges (groseilles, fraises, framboises, mûres, myrtilles) ou coulis de fruits rouges

Faites fondre le beurre. Broyez grossièrement les biscuits, puis ajoutez le beurre fondu. Mélangez soigneusement.

Tapissez le fond d'un cercle à pâtisserie ou d'un moule de 22 cm de diamètre d'une couche de biscuit. Tassez bien.

Battez les œufs en omelette. Dans un saladier, mélangez le fromage frais et la crème. Ajoutez les œufs battus et mélangez le tout avec une spatule.

Ajoutez le sucre, les grains de la gousse de vanille, la cannelle et le sel. Mélangez bien.

Versez la préparation sur le fond de biscuit. Mettez à cuire au four à 150 °C pendant 35 à 40 minutes environ. Laissez refroidir, puis placez au frais pendant 2 heures minimum. Servez avec des fruits rouges frais ou un coulis.

Limonana

À l'apéritif ou au moment du dessert, la citronnade fait partie, avec l'arak (sorte d'anisette levantine) et la boukha (alcool de figue), des boissons typiques des tables de shabbat. Très répandue en Israël, la limonana — de l'hébreu et de l'arabe *nana*, qui signifie « menthe » — est une citronnade fraîche à la menthe, très désaltérante. Selon les goûts, on peut aussi remplacer la menthe par de la fleur d'oranger. Dans ma famille, la limonana est indispensable à la sortie de Kippour, pour accompagner caques et boulous (pages 285 et 282).

POUR 8 PERSONNES

Le jus de 6 citrons bio
100 g de sucre en poudre
1 bouquet de menthe
2 litres d'eau
Glace pilée
Glaçons

Dans une carafe, mélangez le jus des citrons avec le sucre en poudre et la menthe ciselée. Ajoutez l'eau, mélangez et gardez au frais.

On peut aussi utiliser un blender pour un résultat plus « mousseux » avec de la glace pilée.

Avant de servir, ajoutez quelques glaçons.

BASMATI
COOK
Champs Elysées

Carnet d'inspirations

Ce carnet a été pensé pour vous donner envie d'en découvrir encore plus sur la cuisine juive. Voici une sélection de nos meilleures adresses : épiceries, restaurants à Paris et ailleurs, ainsi que nos sources d'inspirations.

BOKOBSA
BOKOBSA
BOKOBSA

CHIRAG
Gombos
ENAV
CHIRAG
Gombos
ENAV

CURRY
CANNELLE
GINGEMBRE
CUMIN
PAPRIKA
Curcuma
POIVRE

Bob de Tunis

Bob de Tunis, voilà bien une adresse historique dont tout Juif tunisien ne peut ignorer l'existence. Cette petite devanture « dans son jus » cache probablement le meilleur casse-croûte tunisien en plein cœur de la capitale, rue Richer, dans le 9e arrondissement. On s'y précipite pour les salades, les boulettes, les bricks, mais les connaisseurs y vont surtout pour une envie irrésistible de fricassée. Ce sandwich à base de pain frit et richement garni de poivron grillé, thon blanc émietté, pomme de terre, œuf dur et olives, le tout rehaussé de harissa… est à goûter au moins une fois dans sa vie !

C'est bon, c'est copieux, ça dégouline d'ingrédients chaleureux. Bref, ça réconforte. Malgré les 25 mètres carrés, cette adresse de poche, ouverte depuis 1982, déborde de monde. Bob, le maître des lieux, fait lui-même les casse-croûte et vous commente les vieilles photos du Tunis de sa jeunesse tout en vous demandant le quartier de Tunis où habitaient vos parents. Des piles de boîtes de conserve et de souvenirs rendent ce lieu singulier et attachant. Il rappelle les belles heures du « casse-croûte tune » souvent présent dans les sandwicheries et petites cantines tunisiennes de Belleville et Pigalle. Depuis, il a malheureusement été remplacé par les kebabs et autres sushis. Heureusement, Bob est là pour perpétuer la tradition.

CHEZ BOB DE TUNIS
VINS BOKOBSA . Sᵀ DE CASSE CROUTES TUNISIENS
CACHER CHEZ BOB
Boutargue - Bricks - Fricassées
Salaisons - Vin - Pistache
10, rue Richer - 75009 Paris
Tél.: 01.45.23.51.79
de Tunis
CACHER
VIN et BOUKHA
BOKOBSA
PLAT
TUNISIEN
BRICKS.
SANDWICH
TUNISIEN
FRICASSÉ

BABKA ZANA
BOULANGERIE

Babka Zana

Paris en est devenu frénétique, la babka est partout ! Elle fait accourir les gourmands. Chez *Babka Zana*, boulangerie levantine située rue Condorcet, dans le 9e arrondissement, et ouverte début 2020, elle est comme on l'aime : un délice de brioche sucrée et moelleuse en bouche, réalisée de façon artisanale avec des produits de qualité.

La babka est déclinée en différents parfums selon les moments : cannelle-muscovado, pistache-fleur d'oranger, halva-citron, ou encore l'iconique chocolat-noisette. Un lieu gourmand lancé par Sarah Amouyal et Emmanuel Murat, où il est possible, dès la vitrine, de saliver devant les créations en train d'être pétries, façonnées, tressées, cuites dans de grands fours vitrés. Une fois sur place, profitez-en pour goûter d'autres spécialités levantines, comme les *rugelach* ou les *borekas*. Et pensez aussi à *Babka Zana* pour acheter vos *hallot*, elles sont délicieuses, mais dans ce cas, allez-y tôt le vendredi matin !

Izraël

Izraël est, selon nous, la meilleure épicerie fine de la capitale… Sans compter que cette adresse est un voyage à elle toute seule. Gourmets et chefs se précipitent d'ailleurs dans cette institution familiale non cacher, ouverte en 1947 en plein Marais. Pour cuisiner des plats de shabbat, on y trouve forcément son bonheur. Épices, piment, harissa, huile d'olive, fruits secs… ici, tout a été sourcé avec comme seul critère : la qualité !

Chez *Izraël*, on y va pour l'incroyable palette des produits proposés, son ambiance unique, ses étals colorés et parfumés. Mais aussi pour trouver l'inspiration. Il est impossible d'aimer cuisiner et de ne pas connaître cette caverne d'Ali Baba si exotique.

Izraël
produits exotiques
Magreb
Israël
Chine
Epices
Olives
Vins
RAKI DUZE
Gault Millau
ABSENTE
ABSENTE

La Boule Rouge

Raymond, le patron, est là tous les jours, installé à la même table, dans son restaurant, *La Boule Rouge*, créé en 1976 avec sa femme. Une figure marquante de la cuisine juive. Ses souvenirs culinaires d'enfance, il les tient de sa mère qui préparait des plats traditionnels pour shabbat à Nabeul (Tunisie), dont il est originaire. Il se rappelle notamment la dafina (page 128) mijotant sur le feu toute la nuit pour être ensuite dévorée le samedi à l'heure du déjeuner.

Depuis 45 ans, Raymond accueille ses clients, souvent des habitués et des personnalités publiques, dont il affiche fièrement les photos au mur. Et notamment Enrico Macias, qui vient très régulièrement depuis des années. « Je me souviens de la première fois où il a dîné à *La Boule Rouge*. En partant, il m'a dit : J'ai apprécié votre cuisine, je reviendrai souvent manger chez vous. Vous marquerez ce que je mange au fur et à mesure, et vous encaisserez ce que je vous dois. Et là, il m'a donné un chèque en blanc, non barré. On ne se connaissait pas et il m'a fait confiance d'entrée de jeu », se souvient Raymond.

Si ce restaurant du 9e arrondissement de Paris propose des plats de qualité, notamment de poissons grillés ou en sauce – Raymond aime d'ailleurs répéter à qui veut l'entendre qu'il sert ici le meilleur poisson de la capitale –, il prend toute son ampleur le vendredi soir pour shabbat. Les clients viennent alors pour les kémias, notamment la chakchouka, le couscous ou encore le poisson malin, le *chraïmi* (page 114). Un autre incontournable de la carte est le fameux msoki, plat de Pessah à base de dix-huit légumes, dont sa femme gardait précieusement la recette. L'ambiance y est familiale, chaleureuse, assez unique, ce qui explique ce succès qui ne se dément pas depuis toutes ces décennies.

Les bonnes adresses

En France

Izraël, à Paris

Sans aucun doute, une des meilleures épiceries méditerranéennes de la capitale (page 308).

30, rue François-Miron, 75004 Paris
Tél. 01 42 72 66 23

Florence Kahn, à Paris

Boutique iconique, réputée notamment pour son *pastrami*, ses spécialités ashkénazes et ses divines pâtisseries (page 98).

24, rue des Écouffes, 75004 Paris
Tél. 01 44 61 00 20
florence-kahn.fr

Murciano, à Paris

Le boulanger incontournable de la rue des Rosiers, qui façonne des *hallot* d'un mètre.

16, rue des Rosiers, 75004 Paris
Tél. 01 48 87 48 88
boulangerie-murciano.com

Babka Zana, à Paris

Les *babka* sont devenues un phénomène à Paris, les amateurs se ruent dans cette boutique, il faut dire qu'elles sont irrésistibles… (page 293).

65, rue Condorcet, 75009 Paris
Tél. 09 88 02 91 43
babkazana.com

Miznon restaurants, à Paris

À Paris, Tel Aviv et ailleurs. Créée à l'origine par Eyal Shani, légendaire chef israélien, cette adresse de street-food ne désemplit pas. Goûtez la pita au kebab…

22, rue des Écouffes, 75004 Paris
Tél. 09 71 34 53 84
miznonparis.com

La Boule Rouge, à Paris

Pour en savoir plus sur ce restaurant cacher historique, foncez page 310.

1, rue de la Boule-Rouge, 75009 Paris
Tél. 01 47 70 43 90
restaurant-laboulerouge.fr

Shabour, à Paris

Seule table israélienne étoilée de Paris (mais non cacher), avec Assaf Granit aux commandes. Une cuisine inspirée et enthousiasmante.

19, rue Saint-Sauveur, 75002 Paris
Tél. 06 95 16 32 87
restaurantshabour.com

Bob de Tunis, à Paris

Le meilleur casse-croûte tunisien de Paris. Généreux et gourmand (page 304).

10, rue Richer, 75009 Paris
Tél. 01 45 23 51 79

Bagnard, de Yoni Saada, à Paris

Un restaurant non cacher par le chef Yoni Saada, qui nous fait revivre à chaque bouchée des souvenirs d'étés en Tunisie : les bricks à l'œuf, la salade goulettoise ou encore les merguez grillées.

5, rue Saint-Augustin, 75002 Paris
Tél. 09 86 17 63 17
58, rue de Saintonge, 75003 Paris
Tél. 01 55 43 90 47
yonisaada.com

Chez René et Gabin, à Paris

Un restaurant cacher traditionnel de spécialités tunisiennes qui a traversé toutes les transformations du quartier de Belleville. Les habitués commandent systématiquement les bricks à l'œuf, les fricassées ou les « complets ».

92, boulevard de Belleville, 75020 Paris
Tél. 01 43 58 78 14

YIMA, à Marseille

Ce restaurant méditerranéen de Georges Mohammed-Chérif sert « une cuisine de mamans orientales de partage et de réconciliation ».

27, rue d'Aubagne, 13001 Marseille
Tél. 04 91 55 70 13
yima.fr

Le Kineret, à Nice

Faites appel à ce traiteur cacher situé à Nice pour commander une *dafina* ou un couscous…

37 bis, avenue Georges-Clémenceau, 06000 Nice
Tél. 04 93 87 56 36
le-kineret.fr

Et ailleurs…

À Londres

Karma Bread

Une boulangerie qui fait de spectaculaires *hallot*.
karmabread.co.uk

The Barbary

La déclinaison anglaise de MachneYuda, lieu incontournable de Jérusalem, en plein Covent Garden… La meilleure place est autour du bar, pour voir les grillades en live. Un coup de cœur !

thebarbary.co.uk

Papo's Bagels

Livraison de bagels style new-yorkais… pour toute urgence d'envie de bagels à Londres.

paposbagels.com

En Israël

North Abraxas, à Tel Aviv
Une expérience incroyable à vivre avec les plats à partager directement servis sur la table et concoctés avec des produits de saison.

Chez Julie l'Égyptienne, dans le Shouk Hacarmel, à Tel Aviv
Julie Ozon a ouvert la cuisine de son appartement les vendredis et samedis pour cuisiner. Elle prépare de traditionnels plats de shabbat avec une grande générosité de cœur.

HaBasta, dans le Shouk Hacarmel, à Tel Aviv
Ce petit bar a eu les honneurs du Conde Nast Traveller ! Situé en plein cœur du marché Hacarmel, véritable scène gastronomique de Tel Aviv, le bar-restaurant de poche propose un succulent poisson *chraïmi*.

Dr Shakshuka, Jaffa, à Tel Aviv
Le Docteur Shakshuka, de son vrai nom Bino Gabso, propose une prescription toute simple pour aller bien : une chakchouka, qui est chez lui le seul plat au menu. Avec des champignons, des merguez, à vous de choisir selon vos envies.

doctorshakshuka.co.il

Alena, à Tel Aviv
Le restaurant de l'hôtel Norman, où officie Barak Aharoni, est l'adresse haut de gamme de Tel Aviv. Probablement les meilleures grillades de Tel Aviv et du monde, grâce à leur Josper.

thenorman.co.il

MachneYuda, à Jérusalem
À l'origine, première adresse du talentueux Assaf Granit, ce restaurant propose une cuisine orientale avec des ingrédients provenant directement du marché portant le même nom.

machneyuda.co.il

Aux États-Unis

2nd Ave Deli, à New York
Le temple de cuisine yiddish à New York, où Jerry Seinfeld a tourné plusieurs épisodes de sa série *Comedians in Cars having Coffee*. Adresse culte.

2ndavedeli.com

HaSalon, à New York
Cette table d'Eyal Shani est ouverte uniquement trois soirs par semaine. C'est un « party restaurant », où la fête a lieu tous les soirs, au second service. La cuisine de ce chef est toujours aussi spectaculaire !

hasalonnyc.com

Got Kosher Deli & Bakery, à Los Angeles
On y trouve notamment une *hallah-bretzel* et on peut commander online un dîner de shabbat si vous êtes dans ce coin-là.

gotkosherinc.com

LES BONS PLANS

Pour la boutargue :

So boutargue
soboutargue.com

Pour la harissa :

Tava Hada Pilpeta
harissa-thp.fr

Pour le zaatar :

Les Délices d'Orient
52, avenue Émile-Zola,
75015 Paris
Tél. 01 45 79 10 00
lesdelicesdorient.com

Pour les épices et autres ingrédients orientaux (citrons confits, etc.) :

Épicerie Sabah
140, rue du faubourg Saint-Antoine,
75012 Paris
Tél. 01 40 01 01 04
epiceriesabah-saint-antoine.com

Les comptes Instagram à suivre et sites internet

Pour découvrir encore plus de recettes de shabbat et des traiteurs :

@Jewlish by Jamie : une grande variété de plats simples et de vidéos hyper inspirantes et faciles. Idéal pour les débutants en cuisine !

@challahprince (Challah Prince) : il porte bien son nom, son compte Instagram est vertigineux de *hallot* plus créatives les unes que les autres.

@noemieelicha (Noémie Élicha) : une Française installée en Israël qui partage des recettes cacher créatives, notamment des gâteaux pour Pessah.

@eyaltomato (Eyal Shani) : pour l'inspiration de ce chef israélien cultissime. Sa page YouTube vaut aussi le détour (surtout la recette du chou-fleur, hilarante !).

@cheflirantal (Liran Tal) : un chef à domicile israélien haut de gamme.

@shishi_marais (Shishi Marais) : traiteur et chef à domicile israélien et traditionnel, des plats irrésistibles concoctés par Lea.

@sosstraiteur (Soss Traiteur) : super adresse de traiteur, Sonya est la reine des salades et plats traditionnels.

@sheffacatering (Chloé Saada) : les recettes gourmandes d'une cheffe traiteur, auteure, photographe, styliste culinaire, animatrice TV... qui a le vent en poupe !

@yomha : "*Shabbat Experience*", livraisons de plats de shabbat originaux et new gen.

zlabia.com : le rendez-vous des Juifs algériens.
harissa.com : le repère des « Tunes ».
dafina.com : l'adresse marocaine sur internet.

Table des matières

Index des recettes

Bibliographie

Jacques Attali, *Dictionnaire amoureux du Judaïsme*, Plon/Fayard, 2009.

Nir Avieli, *Food and power. A Culinary ethnography of Israel*, 2017.

Joëlle Bahloul, *Le Culte de la table dressée. Rites et traditions de la table juive algérienne*, Métailié, 1993.

Jamie Geller, *Jewlish by Jamie. One People, Many Flavors*, 2017.

Florence Kahn, *Yiddish Cuisine. Authentic and delicious Jewish recipes*, Ulmann, 2016.

Leah Koenig, *Le Livre de Cuisine juive*, Phaidon, 2020.

Casper Ter Kuile, *The Power of Ritual. Turning everyday activities into Sulfoul practices*, HarperOne, HarperCollins, 2020.

Yotam Ottolenghi, *Jérusalem*, Hachette Pratique, 2013.

Priya Parker, *The Art of Gathering. How we meet and why it matters*, Riverhead Books, 2018.

Claudia Roden, *Le Livre de la Cuisine juive*, Flammarion, 2012.

Chloé Saada, *Paris-Tel Aviv. À la rencontre de la cuisine israélienne*, Hachette Cuisine, 2017.

Perla Servan-Schreiber, *Le Bonheur de cuisiner*, Éditions de La Martinière, 2010.

Les Recettes de ma vie, Flammarion, 2019.

Enjoy ! Mes recettes pour grandes tablées, Flammarion, 2020.

Ce que la vie m'a appris, Flammarion, 2017.

La féminité, de la liberté au bonheur, Fayard, 1994.

Annabelles Schachmes, *La Cuisine juive*, Gründ, 2015.

Andrée Zana Murat, *La Cuisine juive tunisienne de mère en fille*, Albin Michel, 2016.

- Chabbat extrait du choul'hane aroukh abrégé, Grand Rabbin Edouard Weil
- « What happens when you mix Burning man and Shabbat », *Haaretz*.

Nos contributeurs

Nous tenons à remercier chaleureusement nos contributeurs, qui ont été de précieuses aides culinaires tout au long de la réalisation de ce livre. Nous les avons choisis pour leur talent, mais aussi pour leur diversité culinaire.

Sonya Maarek

Peu avant le confinement, Sonya, dont les grands-parents sont d'origine russe et sicilienne, a eu l'idée de lancer son traiteur à domicile, Soss Traiteur. Sa grande force ? Imaginer des salades ultra-créatives qui modernisent les tables de shabbat.

@sosstraiteur

Léa de Shishi Marais

Après avoir vécu des années en Israël, cette jeune chef talentueuse a lancé son traiteur à domicile, Shishi Marais. Une cuisine traditionnelle et israélienne pour des événements et fêtes privées inoubliables.

@shishi_marais

Diane de Oneg Paris

Associée avec Léa, cette jeune femme a créé deux délicieuses recettes de ce livre : le cheesecake aux fruits rouges, ainsi que la babka. Elle est à l'origine d'une pâtisserie gourmande et sur-mesure.

@oneg.paris

Liran Tal

Après avoir travaillé avec le chef du fameux restaurant *Dersou* à Paris, et celui du *Balagan* à l'ouverture de cette incroyable adresse parisienne, Liran Tal, israélien installé à Paris, est devenu chef à domicile. Il a le projet d'ouvrir une boutique de traiteur méditerranéen avec sa femme Noa, où ils serviront une cuisine fraîche et de saison.

@cheflirantal

Les auteures

Vanessa Zibi

Au-delà de travailler dans la tech depuis des années, et engagée sur les sujets de diversité, Vanessa est surtout une fine gastronome, passionnée par la cuisine, notamment de shabbat. Née à Paris de parents juifs séfarades, elle a fait des études à New York et vit désormais à Paris. Ses voyages l'ont souvent emmenée à Tel Aviv, une ville dont la gastronomie est désormais reconnue. Sa cuisine puise son inspiration dans ces trois villes chères à son cœur. Depuis la mort de son père en 2015, elle ne manque jamais d'organiser ses « Shabbat dinners ». Leur absence a été « un manque réel pendant le confinement de mars 2020 », moment où l'idée de ce livre a émergé.

Leslie Gogois

Rédactrice en chef du magazine de gastronomie *YAM* et auteure d'une quarantaine de livres de cuisine, Leslie Gogois aime plus que tout récolter les recettes auprès des chefs, pâtissiers et autres passionnés. Elle a collaboré avec de nombreuses maisons d'édition (La Martinière, Le Seuil, Hachette Pratique, Ducasse, First…) et a notamment écrit des livres avec Yannick Alléno, Cyril Lignac, Christophe Adam, Julien Dugourd ou encore Christophe Michalak.

Remerciements

Merci à Francine, qui a mené un travail titanesque de recherche pour ce livre et cuisiné certaines des spécialités dont elle a le secret. Elle a soutenu le projet avec la patience et la détermination qui la caractérisent.

Merci à Perla, modèle d'élégance et de liberté, qui a nous a fait sourire et rêver lors de son shabbat mémorable et joyeux.

Merci à Florence Kahn pour son accueil enthousiaste et d'avoir partagé sa vision de la cuisine ashkénaze.

Merci à nos précieux contributeurs : les aides culinaires Sonya, Lea, Diane et Liran, ainsi que tous ceux qui ont eu la générosité de partager leurs recettes fétiches : Fabienne, Eva, Jamie, Chloé, Zion, Alice, Paul et, bien sûr, Alice, Francine, Perla et Florence.

Merci à Anne et à la Maison Sarah Lavoine, pour la jolie vaisselle de la gamme Sicilia.

Merci à Valérie Zarka pour ses photos du marché de Jérusalem.

Merci à Emmanuel de *Babka Zana* et Raymond de *La Boule Rouge* pour leur accueil.

Merci à Alice et à la famille Dray pour leur généreux accueil et ce délicieux dîner.

Merci au Rabbin Avi Soudry d'avoir partagé un peu de sa sagesse et à Stéphane pour sa précieuse contribution.

Merci à nos amies Fany, Delphine, Nathalie et Jessica pour avoir accueilli des shabbat, ainsi qu'à tous les joyeux convives qui ont apporté vie à ce livre : Stéphane, Gabriel, Noé, Denis, Emmanuelle, Deborah, Orit, Florence, Jérôme, Céline, Xavier, Ronit, Coco, Elie, Leon, Alice, Aaron, Noa, Anna, Elya, Elon, Lucie, Emma, Pascal, Eva, Mia, Nina, Fée et Sissi.

Merci à nos familles pour leur incroyable soutien et d'avoir été bêta-testeurs de recettes (Francine, Stéphane, Gabriel, Joseph, Noé, Camille, Babar, Micha).

Merci à Gabriel et Mila, qui rendent la vie si merveilleuse.

Et bien sûr, immense merci à Guillaume Czerw pour ses très belles photos (et sa patience légendaire), ainsi qu'à Laure Aline, Jeanne Castoriano, Laurence Maillet et toute l'équipe des éditions de La Martinière d'avoir cru à ce projet avec enthousiasme.

Vanessa Zibi et Leslie Gogois à La Boule Rouge, *printemps 2021.*

Département éditorial Art de Vie

Directrice éditoriale : Laure Aline
Éditrice : Jeanne Castoriano
Assistante éditoriale : Marine Laurençot
Fabrication : Nathalie Voyer

Conception et réalisation graphique :
Laurence Maillet

Connectez-vous sur :
www.editionsdelamartiniere.fr
instagram : @lamartiniere.cuisine

ISBN : 978-2-7324-9712-9

Photogravure : IGS

Achevé d'imprimer en août 2021
en sur les presses de DZS Grafik,d.d.o.

Dépôt légal : octobre 2021
Imprimé en Slovénie

MIXTE
Papier issu de sources responsables
FSC® C112556

SHABBATDINNERS